版权声明

First published in 2019 by Jessica Kingsley Publishers

Copyright © Sonia Mainstone-Cotton 2019

All rights reserved. No part of this publication may be reproduced in any material form (including photocopying, storing in any medium by electronic means or transmitting) without the written permission of the copyright owner except in accordance with the provisions of the law or under terms of a licence issued in the UK by the Copyright Licensing Agency Ltd. or in overseas territories by the relevant reproduction rights organisation. Applications for the copyright owner's written permission to reproduce any part of this publication should be addressed to the publisher.

保留所有权利。非经中国轻工业出版社"万千教育"书面授权，任何人不得以任何方式（包括但不限于电子、机械、手工或其他尚未被发明或应用的技术手段）复印、拍照、扫描、录音、朗读、存储、发表本书中任何部分或本书全部内容（包括但不限于光盘、音频、视频等）。中国轻工业出版社"万千教育"未授权任何机构提供源自本书内容的电子文件阅览、收听或下载服务。如有此类非法行为，查实必究。

Listening to Young Children in Early Years Settings
A Practical Guide

倾听儿童

支持幼儿成为自己生活的决策者

[英] 索尼娅·梅因斯通-科顿 / 著
（Sonia Mainstone-Cotton）

杨妍璐 / 译

中国轻工业出版社

图书在版编目(CIP)数据

倾听儿童：支持幼儿成为自己生活的决策者／（英）索尼娅·梅因斯通－科顿（Sonia Mainstone-Cotton）著；杨妍璐译. —北京：中国轻工业出版社，2025.4.
ISBN 978-7-5184-5027-5

Ⅰ．G617

中国国家版本馆CIP数据核字第2024500NQ8号

责任编辑：张天怡　　　责任终审：张乃柬
策划编辑：高　君　　　责任校对：刘志颖　　　责任监印：吴维斌

出版发行：中国轻工业出版社（北京鲁谷东街5号，邮编：100040）
印　　刷：三河市双升印务有限公司
经　　销：各地新华书店
版　　次：2025年4月第1版第3次印刷
开　　本：880×1230　　1/32　　印张：3.875
字　　数：70千字
书　　号：ISBN 978-7-5184-5027-5　　定价：42.00元
读者热线：010-65181109
发行电话：010-85119832　　010-85119912
网　　址：http://www.chlip.com.cn　　http://www.wqedu.com
电子信箱：1012305542@qq.com
版权所有　侵权必究
如发现图书残缺请拨打读者热线联系调换
250477Y1C103ZYW

译者序

倾听微弱的声音：从观念到行动

我们必须要面对这样的事实：在我们或许可以称之为"倾听"的责任中，始终存在着诸多断裂和挑战。①

——彼得·森迪（Peter Szendy）

时隔三年，这是我第四次有幸参与中国轻工业出版社"万千教育"编辑部的翻译工作。我之所以会关注"倾听儿童"的话题，还要从前面三本陆续出版的"小哲学家系列"②说起。过去五年，我以协同研究员的身份一直在幼儿园与教师们研究和实践儿童哲学，从最早期单一的儿童哲学活动逐步深入到结合幼儿教育日常实践的儿童哲学。其间，我们以儿童哲学的视角探讨过幼儿园课程、项目式学习、班级管理、

---

① Szendy P. Listen: a history of our ears[M]. New York: Fordham University Press, 2008.
② 包括《小哲学家的大问题——和孩子一起做哲学》《你好，小哲学家！——如何与幼儿一起做哲学》《思考世界的小哲学家——幼儿园儿童哲学活动设计与案例》三本书。

家园共育及环境创设等不少议题。慢慢地，我与教师们发现，儿童哲学的最大魅力恐怕不在于那些宏大而深刻的概念，如"幸福""友谊""生命""自由"，而在于构建一种以倾听儿童为基础、以精神的持续共享为原则的对话文化，以此真正撬动幼儿教师长期以来所持有的儿童观，使得他们在回应幼儿时变得更富有批判性和创造力。

在与幼儿教师协同研究的过程中，我们最终达成了这样的共识："关于儿童"以及"为了儿童"的事情只能通过"倾听儿童"而来。为此，对"倾听儿童"进行专题化的思考就成了我的研究中绕不过去的话题。与此同时，随着2022年教育部颁布《幼儿园保育教育质量评估指南》以及2023年全国学前教育宣传月①的到来，"倾听儿童"一下子成为国内幼儿教育行业热烈讨论的话题，而且我相信这个话题的热度长期来看也未必会消减。我之所以如此确信，是基于以下三个理由。

第一，从幼儿教师发展的角度来看，倾听儿童彰显的是幼儿教师的专业理念、师德以及专业能力。但凡一个人要成为幼儿教师，他就必须满足2012年教育部颁布的《幼儿园教师专业标准（试行）》所提出的"关爱幼儿""尊重幼儿人格""善于倾听，和蔼可亲，与幼儿进行有效沟通"等基本要求。日本教育专家佐藤学认为，"倾听"是作为"匠人"的教师最核

---

① 该宣传月的主题是"倾听儿童，相伴成长"。

心的能力，为了促成课堂中学生之间对话式的交流，教师首先要进行倾听，以此为基础和前提，学生之间的交流关系才能形成。[1] 这表明，我们的目的向来不是听见或看见儿童，而是通过倾听最终促进师幼之间以及儿童之间的交往关系，营造有温度的教育氛围。值得注意的是，在过去更为强调弹、唱、跳技能与专业知识的幼儿教师培养体系中，"倾听儿童"这一隐性的核心素养始终没有得到重视，而这一课迟早是需要补上的。

第二，从我国学前教育改革的角度来看，倾听儿童是撬动学前教育高质量发展的有力支点。因为高质量发展的核心要素之一是高水平的保育教育质量，保育教育质量的提升有赖于我们对儿童需求的识别和对儿童发展的支持，而这一切都必须从倾听儿童开始。2022年，教育部颁布的《幼儿园保育教育质量评估指南》为什么如此强调"一对一倾听"[2]，这其实是在向我们释放这样的信号，即我们应当把儿童的想法和体验置于教育的中心，尽管这会为我们的活动和计划带来不确定性，但这是支持儿童早期学习的有效路径。

第三，从全世界学前教育发展的动态来看，"倾听儿

---

[1] 佐藤学. 教师花传书：专家型教师的成长 [M]. 陈静静, 译. 上海：华东师范大学出版社，2016.

[2] 例如，关键指标"师幼互动"中提出："重视幼儿通过绘画、讲述等方式对自己经历过的游戏、阅读图画书、观察等活动进行表达表征，教师能一对一倾听并真实记录幼儿的想法和体验。"

童"本身是人类儿童观变迁的观念效应。从发现儿童到真正赋予儿童权利,再到如今作为政治方针的儿童友好,儿童的地位在这两三百年间发生了巨大的变化。如果没有"以儿童为中心"的价值观念和社会文化作为背景,那么"倾听儿童"将不被理解,更无法实现。意大利瑞吉欧教育(Reggio Approach)的实践充分说明,唯有在一个开放、包容、多元的社会环境中,倾听儿童的"一百种语言"才是可能的。尽管如今每个国家都有植根于自身文化的学前教育体系和方案,但在看待儿童的方式上大都殊途同归,将儿童视为有能力的学习者,而教师的角色不再是传统的知识传授者,而是儿童学习的引导者和协助者。在关注儿童兴趣和想法的早期教育实践中,倾听儿童永远是无法被忽略的工作。

或许是洞察了"倾听儿童"对于幼儿教育的本质意义,中国轻工业出版社"万千教育"编辑部在这类选题上的布局是很早的。我之前就曾读过《老师,你在听吗?——幼儿教育活动中的师幼对话》[①]《倾听幼儿——马赛克方法》[②]《倾听孩子——教师和家长怎样与幼儿谈论棘手的话题》[③]等书。尤其是《倾听幼儿——马赛克方法》这本书,已经在关于倾听儿童的理念和方法上给予我们充分的指导。所以,我在翻译本

---

① 该书已由中国轻工业出版社于2009年出版。
② 该书已由中国轻工业出版社于2020年出版。
③ 该书已由中国轻工业出版社于2020年出版。

书的过程中也在思考，眼前的这本小书究竟在倾听儿童方面有什么卓越之处。在此，我想从特殊性、广泛性、规范性和创造性四个方面来回答这个问题。

特殊性。本书的作者索尼娅·梅因斯通－科顿（Sonia Mainstone-Cotton）是一位在英国早期教育领域经验丰富的顾问，正如她在书中所介绍的，她这些年的工作聚焦于儿童参与（children's participation）①，即协助地方当局以及服务儿童的机构将儿童的声音与意见纳入事关他们的决策中，尤其是给予那些年龄较小、尚无法进行书写甚至无法言说的儿童表达的机会。所以，本书所关注的对象从某种意义上来说是"特殊群体"，他们只能发出相当微弱的声音，甚至很多时候是沉默的。对于这些年幼的儿童，与不少专业人士的看法不同，索尼娅老师坚定地认为，我们不能因为儿童年龄小就剥夺他们表达的权利，事实上，只要我们为他们提供适宜的表达环境与方式，即便是刚出生的婴儿也可以参与我们的工作。

广泛性。本书让我比较欣喜的地方在于，它充分展示了"倾听儿童"在时间与空间上的无限可能。本书的第一部分提及了"倾听儿童"的概念、意义、政策以及缺乏倾听的后果，第二部分则将"倾听儿童"置于七个不同的场景之中，分别是

---

① "儿童参与"的理念来源于联合国《儿童权利公约》（Convention on the Rights of the Child）中对于参与权的阐述，它不仅包含儿童表达意见、参与决策等权利，更应涵盖儿童对日常家庭生活、校园生活、社会生活的广泛参与并从中获得相应能力的过程。

员工招聘、幼小衔接、活动组织、环境改造、社区空间、儿童评估和家庭支持。其中,令人眼前一亮的是员工招聘,至少在我有限的经验中还没有看到过国内的哪所幼儿园在招聘教师的时候邀请儿童一起参与,或许我们在未来有可能尝试着进行类似的实践。

规范性。我想强调的是,在倾听儿童的过程中,本书为我们树立了可操作的规范性,虽然这里面有一部分是对马赛克方法的借鉴,但也有许多是作者在不同工作环节的实践中亲自体验、尝试和改进的做法。针对不同年龄段的儿童,在他们乐意和许可的前提下,我们可以使用不同的策略来采集他们的观点。当然,正如马赛克方法所始终强调的:我们的目的不仅在于搜集儿童的想法,更在于共同建构意义。例如,我们到底需要一个怎样的户外环境?儿童在提供方案的过程中也在与我们一起创造我们想要的生活,其中包含了我们所有人的生命记忆与情感体验。为什么不能把滑梯移除,因为它不仅是某个孩子曾经的"窝",更是许多孩子童年的美好回忆。

创造性。倾听儿童的规范与策略不仅有助于教师的日常实践工作,更有助于教师在此基础上创造适宜我们本土的、自己班级的倾听文化。倾听儿童当然没有固定的标准,我们不应当要求一位幼儿教师一天倾听儿童多少次、倾听多少名儿童以及以某种特定的模式倾听儿童,一切应当视情境而定。就像作者所袒露的心声,在极为忙乱的日子里,错失倾听的机会是

在所难免的，也是可以被谅解的。但是，如果我们要停下来，让倾听真正发生，就需要一个有意识的行为。除此之外，我们也需要一些强有力的工具来让倾听行得通。作者建议我们创造性地使用书中的工具包，结合儿童的具体情况调整或改进使用方法，这意味着我们每一个人都可以在这本书的基础上拥有属于自己的倾听工具包。

无论是在过去的社会组织还是家庭环境中，儿童的声音始终是微弱的，尤其是年龄较小或处于前语言阶段的儿童，他们的好奇与困惑、意见与想法总是被成人敷衍或忽略。如今，随着儿童友好的观念日益深入人心，虽然倾听这些微弱的声音早已不再是幼儿教育行业的新观念，但是如何将此观念真正转化为真实的行动依旧值得我们反复琢磨。观念固然重要，行动才是灵魂。正如日本幼儿教育研究者高杉自子老师所说："幼儿教育的真谛，不是在书桌旁构建起的理论与权威的学说之中，而是在孩子之中，在实践之中。"①

在本书即将付梓之际，我想感谢中国轻工业出版社"万千教育"编辑部的策划编辑高君老师的翻译邀约以及后续编辑工作的辛苦付出。同时，我也要感谢这些年与我一起"倾听儿童"的园长、教师和家长，当然还有那些愿意与我分

---

① 高杉自子.幼儿教育的原点[M].王小英,译.上海：华东师范大学出版社，2014.

享喜悦与悲伤的孩子,是他们的陪伴让我有机会探索幼儿教育的另一种可能。我更要感谢浙江大学幼儿园实验园的孩子们,他们充满童真的绘画作品①让本书"倾听儿童"的主题更加鲜活。就让我们用清代诗人袁枚的诗《苔》来作结吧!

苔

白日不到处,

青春恰自来。

苔花如米小,

也学牡丹开。

儿童的声音尽管微弱,但充满着智慧与力量,值得我们用心聆听并付诸行动。我由衷地希望本书的一些理念与方法能够为幼儿教育从业者的日常实践带来新的活力,以此营造一个对儿童更为友好的幼儿教育生态。

由于译者水平有限,译文若有疏漏之处,恳请广大读者批评指正!

是为序。

杨妍璐

2024年2月22日

---

① 本书中使用的绘画作品已经原著版权方同意,并获得浙江大学幼儿园实验园的授权。

前　言

　　长久以来，我始终认为，倾听儿童的声音是成人与儿童相处时最重要的环节。作为成人，我们总是轻易地以为自己知道儿童的生活是怎样的。然而，除非我们停下来倾听并尝试透过他们的眼睛看世界，否则我们将永远不会真的知道。

　　倾听儿童，不仅在于倾听他们的话语，还要关注他们的行为、声音和面部表情，以及他们的游戏和绘画作品。

　　在2001年，倾听儿童成了我的工作。我在大型的儿童慈善机构中找到了一份工作，新工作的重心是儿童参与。此前，我是一名持证上岗的早期教育工作者，工作的对象大多数是学龄前儿童，新工作的对象则变为0—18岁的儿童。在面试环节，我被告知，年长儿童参与的工作几乎不对年幼的儿童开放，并且普遍的意识形态是年幼的儿童因为太小而不能发表自己的观点。我记得自己曾为此争辩：我们可以与年幼的儿童一起开展儿童参与工作，他们有能力发表自己的观点。那时，我肯定没有料想到年幼的儿童会成为一个我专攻的领域，并且我会为此郑重其事地与地方当局抗争。多年来，这项事业占据了我的世界，我对其始终充满热情。感谢我的经理当初听到了我的想法并信任我，也感谢那些行政部门的工作人员同意我的观点。我们一同做了许多很棒的项目，以倾听所有儿童的声音（在某些地区也包括年龄最小的儿童）。

法规

在 2001 年之前，可依据的主要法规是联合国《儿童权利公约》（Convention on the Rights of the Child，1989），其第 12 条规定："确保有主见能力的儿童有权对影响到其本人的一切事项自由发表自己的意见，对儿童的意见应按照其年龄和成熟程度给予适当的看待。这项权利在任何时候都适用。"在英国，这项权利也被庄严地载入《儿童法》（Children Act）。联合国《儿童权利公约》适用于所有 18 岁以下的儿童。联合国意识到，年幼的儿童经常被忽视，因此在 2004 年将某一天定为"儿童权利保护日"。作为这一天的后续行动，联合国通过了第 7 号一般性意见，它强调了这样一种观点，即年幼的儿童也是权利持有人，不能因其年龄而剥夺他们的权利。后来，在 2013 年，联合国又通过了第 14 号一般性意见，同样强调年幼的儿童有权利表达他们的观点，并参与决策。

从此之后，法规不断得以发展和完善，人们逐步认识到倾听儿童的必要性；现在，英国许多地方当局都制定了有关如何倾听儿童的政策。全国各地都有一些体现儿童如何影响政策的案例。我最近了解到的一个最积极的案例来自北爱尔兰，在那里，0—6岁的幼儿也成了早期教育政策制定时的咨询对象。然而，政治潮流似乎也在经历转向，现任英国政府对此没有什么明确的兴趣和领导方针。尽管许多地方当局都有这些政策，但在财政紧缩和削减开支的时期，我担心我们对儿童声音的倾听以及儿童的参与会变得愈来愈少。

倾听儿童的重要原因

十三年来，我深耕于儿童参与和倾听儿童的领域。在这段时间里，我支持过许多机构，包括社会服务机构、医疗保健机构、幼儿园、学校和儿童中心，思考如何在日常实践中融入倾听儿童的文化。我有幸在英国各地看到过一些鼓舞人心的做法，也曾去意大利、丹麦、瑞典和罗马尼亚进行参观并从中学习了许多优秀的做法。这本书汇集了我的理念和我曾目睹或实际参与的实践经验。

对我来说，倾听儿童有以下四点重要的原因。

1.倾听儿童，表明承认了儿童此刻表达观点和看法的权利。

2. 倾听儿童，使得我们有可能透过儿童的眼睛看世界。
3. 倾听儿童，有助于给予儿童一种自己是特别的且重要的感觉。
4. 倾听儿童，有助于增强儿童的幸福感，帮助他们获得归属感。

参 与 权

关于儿童具有参与权的观点是有争议的，一些成人仍然认为儿童太小，以至于无法对影响他们的事情发表意见。在关于儿童参与和儿童权利的论述中有一个极为重要的声音来自罗杰·哈特（Roger Hart，1992）。他提出了儿童参与阶梯理论并绘制了相应的图表（1992，p.8），该图表着眼于儿童决策和参与的不同方式。这个基本的模型提供了一些有用的观点，让我们思考如何以及为何鼓励儿童参与和倾听儿童。阶梯的底部，即非参与阶段，有三个层次：操纵（manipulation）、装饰（decoration）和表面文章（tokenism）；阶梯的顶部是儿童参与的工作。这个模型有一些问题，因为它过于层次分明，但作为一个新颖的构想，它对我和很多同事的工作很有帮助。

在儿童权利和参与的问题上，有一些主要人物影响了这一领域的许多工作和发展,包括一些学者以及我自己。彭妮·兰卡斯特(Penny Lancaster,2003)开发的工具包特别有影响力,名为"倾听幼儿"(*Listening to Young Children*),涵盖了大量的观点、理论和实践。艾莉森·克拉克和彼得·莫斯(Alison Clark & Peter Moss,2001)开发了马赛克方法,让儿童通过观察和照片参与计划的制订。杰姬·卡曾斯(Jacqui Cousins,1999)致力于研究教师和保育人员如何倾听4岁的儿童并透过他们的眼睛看世界,也非常有影响力。

关于本书

本书致力于探讨的话题是,我们如何倾听儿童并以适宜其年龄和发展水平的方式促进他们参与决策。全书分为两部分,你可以整体阅读,也可以浏览你所需的章节。第一部分阐述了什么是倾听儿童以及儿童可以参与的决策类型,也说明了相应的政策和法规以及我们不倾听儿童的后果。第二部分提供了关于如何倾听儿童的实用性办法和建议。它们来自我亲身的参与、观察和实践,涉及制订计划、员工招聘、幼小衔接、环境改造、社区空间、儿童评估和家庭支持工作。这一系列广泛而又多样的实践将为我们倾听儿童并融入儿童的世界提供诸多不同的方法。

本书的读者对象是幼儿教育从业者,其中的很多案例适用于家庭支持工作者、社会工作者、保育员、家庭托儿所工作人员、教师以及社区工作人员。我衷心地希望本书能为你在日常实践中更好地倾听儿童带去一些启发。

参考文献

Clark, A. and Moss, P.（2001）*Listening to Young Children: The Mosaic Approach.* London: National Children's Bureau.

Cousins, J.（1999）*Listening to Four Year Olds: How They Can Help Us Plan Their Education and Care.* London: National Early Years Network.

Hart, R. A. (1992) 'Children's participation: from tokenism to citizenship.' *Innocenti Essays 4.* Florence: UNICEF.

Lancaster, P.（2003）*Listening to Young Children: The Reader.* Buckingham: Open University Press.

目 录

第一部分　我们为什么要倾听儿童

第一章　什么是倾听儿童 ……003

透过儿童的眼睛看世界 ……003

倾听中有多少成分是言语 ……005

倾听在实践中意味着什么 ……006

倾听儿童的实用技巧 ……008

倾听儿童的定义 ……010

儿童沟通能力的发展阶段 ……011

积极倾听 ……015

反思模型 ……016

第二章　有关倾听儿童的政策 ……019

联合国《儿童权利公约》……019

《教育法》……022

《儿童法》和《儿童保育法案》……023

英国早期教育体系 ……024

第三章　缺乏倾听的后果……027

　　重大案件回顾……027

　　我们都有责任倾听和保护儿童……030

第二部分

我们如何倾听儿童

第四章　员工招聘……037

　　任职资格（2岁及以上的儿童）……038

　　面试小组（3岁及以上的儿童）……040

　　征集儿童的问题（2岁及以上的儿童）……042

　　儿童活动（18个月及以上的儿童）……042

　　与儿童一起观察（出生以后的儿童）……043

　　员工考核（2岁及以上的儿童）……044

第五章　幼小衔接……047

　　一个儿童会经历的许多过渡期……048

　　讨论故事书（3岁及以上的儿童）……050

　　为刚进入班级的儿童制作小册子（2岁及以上的儿童）……052

　　照片或视频项目（2岁及以上的儿童）……054

　　一本关于儿童本人的书（出生以后的儿童）……056

第六章　活动组织……059
　　追随儿童的兴趣（出生以后的儿童）……059
　　地板书计划（18个月及以上的儿童）……061
　　记录儿童的学习（出生以后的儿童）……062
　　一日生活（出生以后的儿童）……064

第七章　环境改造……069
　　马赛克方法（18个月及以上的儿童）……069
　　使用视频（2岁及以上的儿童）……071
　　在地图上作画（2岁及以上的儿童）……072
　　心愿网（2岁及以上的儿童）……073
　　清单与照片（18个月及以上的儿童）……073
　　选择植物（1岁及以上的儿童）……074

第八章　社区空间……077
　　摄影之旅（18个月及以上的儿童）……078
　　使用图片制订改造计划（2岁及以上的儿童）……080
　　使用黏土设计游戏场地（3岁及以上的儿童）……081
　　跟进和反馈……081

第九章　儿童评估……083
　　使用照片或视频（2岁及以上的儿童）……085
　　使用幼儿园的照片（2岁及以上的儿童）……086
　　创造性表达（3岁及以上的儿童）……087
　　黏土（3岁及以上的儿童）……087
　　木偶（3岁及以上的儿童）……088
　　使用信息技术（3岁及以上的儿童）……089

　　　　　心愿网（3 岁及以上的儿童）……089

第十章　家庭支持……091

　　　　　以儿童为中心的家庭支持工作……091
　　　　　以儿童为中心的报告和家访记录……093
　　　　　关于我的卡片……094
　　　　　在工作之初识别家庭中的情绪与感受……095
　　　　　可以与家长分享的语句……096
　　　　　家庭支持工具包……097

结语……101

第一部分

我们为什么要倾听儿童

春天里（依依，5岁）

第一章 什么是倾听儿童

大家好（多拉，4岁）

作为成人，我们常常自以为在倾听儿童，并且知道如何倾听儿童。在过去的 15 年里，我一直在全国各地开展倾听儿童的培训，屡次听到人们这样评论道："我们当然在倾听，我们知道如何倾听儿童，也一直都在这样做。"然而，当我们停下来，分析什么是倾听以及反思自己的实践时，我们意识到倾听儿童是一项技能，它需要时间练习，无法一蹴而就，也需要成为一种有意识的行为。

朱莉娅·玛丽亚·古尔德斯博罗（Julia Maria Gouldsboro，2018，p.2）将倾听的过程描述为："成人和儿童使用诸多不同的语言和代码来表达自己，包括停顿、留白和轮流。"我喜欢这个说法，因为它巧妙地描述了双方带有意图和目的的行动，并表明倾听不仅仅是我们听到的话语。

透过儿童的眼睛看世界

作为成人，我们不能假设我们知道儿童的所想、所感与所见。只有停下来倾听，我们才能开始透过他们的眼睛看到他们的世界。

> **实践性问题**
>
> 　　在我们继续讨论之前，花点时间想想你最近一次倾听儿童的瞬间。那时，你真的在倾听，并透过儿童的眼睛看世界。他们可能是你所教的孩子、你自己的孩子、亲戚家或邻居家的孩子。
> - 那一刻，你从儿童身上发现了什么？
> - 这次经历让儿童感觉如何？
> - 这次经历让你感觉如何？

　　每周，我作为育儿顾问会与一些 4 岁的幼儿相处，生活和幼儿园对这些幼儿来说是极具挑战性的。我的一项重要工作是倾听和我在一起的幼儿，真正倾听他们在那一刻的感受。尽管我知道这至关重要，但我也知道有时候我并不是真的在倾听。那一天我可能感到忙碌，或者有固定的事情要做，因此错失了真正倾听幼儿的机会。如果我们要停下来，让倾听真正发生，就需要一个有意识的行为。

　　倾听儿童不仅仅是身体行为，还包括听见儿童的观点并付诸行动。这并不意味着，我们必须满足儿童向我们表达或提出的一切要求，但它确实需要我们慎重考虑，重视他们的想法以及周围其他儿童的想法（Lancaster，2003）。

倾听中有多少成分是言语

我们知道，倾听远不只是我们听到的那些言语，很大一部分也与非言语的交流和语调相关。你有多少次听到一名儿童或一个成人说他很好，但他看起来很悲伤或他的声音在颤抖？

沟通时的信息构成如下所示。

- 7%是言语（我们说的话）。
- 38%是声音（语调及其变化）。
- 55%是非言语（肢体语言、手势或面部表情）。

这个公式是由阿尔伯特·梅拉比安（Albert Mehrabian，1967）提出的。它是一个非常简单的公式，可能不适用于所有类型的沟通情况，但它给了我们一个关于如何沟通的大致框架。我认为，它能在倾听儿童方面给予我们一些启示。

与我们相处的部分儿童无法通过言语表达自我。幼儿教育从业者要能够从整全的意义上倾听他们，通过儿童的手势、行为、面部表情和声音真正地理解他们正在告诉我们的事情。奥德丽·泰特和海伦·沃苏（Audrey Tait & Helen Wosu，

2013)描述了儿童如何擅长讲述自己的生活故事,我们只需要倾听他们告诉我们的事情,并认识到他们的表达需要依靠语言、手势、绘画和行动来实现。

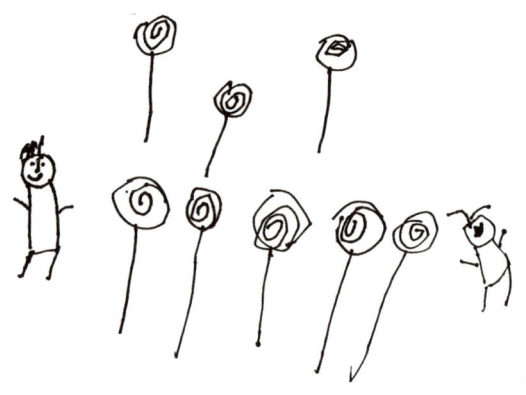

我爱棒棒糖(豆包,4岁)

倾听在实践中意味着什么

如下是我们倾听儿童的一些不同方式。

立即做出改变:响应儿童的需求

我们一直是这样做的。当一个婴儿哭泣时,我们会做出适当的反应,例如给他换尿布、喂食或陪他玩;当一个学步儿口渴时,我们会给他喝水;当一个3岁的幼儿想玩玩具火车而不是玩偶时，我们会把玩具火车拿出来。

作为计划的一部分

我们可以通过邀请儿童参与当天活动的计划制订来倾听他们。例如，家庭托儿所的工作人员可能会问儿童是否想去公园或图书馆。我们可以在制订计划时遵循儿童的兴趣，例如一起创作藏宝图、与一群对海盗着迷的儿童共同制作海盗服饰和船只。我们也可以邀请他们参与花园或幼儿园的改造计划。

做更大的决定或在更广泛的背景下参与

我们可以邀请儿童参与做更大的决定，这些决定可能直接或间接地影响着他们。这方面的例子包括：让儿童参与幼儿园的员工招聘和岗位评估，或将儿童的观点纳入地方当局有关儿童和青少年的政策制定中。

合作生产：致力于由儿童的想法与热情产生的项目活动

"合作生产"（co-production）一词经常被用于年龄较大的儿童或青少年的参与工作。然而，我们没有任何理由不将其用于年龄较小的儿童。合作生产是指儿童选择他们想要做的事情，然后在成人的协助下一起将其完成。例如，儿童决定在花园里种一些花。他们会查看种子名录，参观花卉商店，选择要种植的种子,然后把它们带回来种植。合作生产的重点是,儿童从头到尾都是主导者,所以作为教师,你会问他们想去哪家花卉商店、如何去那里以及如何购买种子等问题。

倾听儿童的实用技巧

我认为,在一本关于倾听儿童的书中,有关观察的内容是至关重要的。作为幼儿教育从业者,我们有很多观察经验,它们构成了我们工作的核心部分,帮助我们理解儿童会对什么感兴趣以及他们是如何学习的。观察有助于我们真正理解和知悉那些与我们相处的儿童。出色的幼儿教育培训者凯茜·布罗迪(Kathy Brodie)开展过不少有关观察话题的在线培训。她将观察描述为真正地观看和很好地倾听——倾听儿童之间如何互动与交流。她认为,观察是为了理解我们所收集到的一切信息,它可以帮助我们更全面地了解儿童,了解他们的进步、兴趣和发展。

我们可以使用各种各样的观察方法。速写便签或"哇"时刻(学习故事),可用于观察儿童喜欢什么、儿童发表的评论或取得的成就。它们还可以被用于快速收集儿童的想法,例如为新的宠物鱼起名字或有关午餐的想法。当一个成人长时间观察儿童的行为时,例如他们如何玩耍、如何与他人互动以及如何表达自己，他就可以使用更长的叙事性观察。时间较长的观察有助于加深成人对儿童的理解。这些观察不是为了让你评判儿童，而是为你呈现一幅具体的画面。我在做保教工作时，会对一个新来的儿童进行大约三次的长时间观察：早上、午餐时间和下午。这些观察使我对儿童有了很好的认识，它们是非常有用的倾听方式。然后，我将在整个学期中做进一步的长期观察，以了解儿童取得的进步。在凯茜·布罗迪的观察培训中，她建议使用社会关系网络图（sociogram）①进行观察，重点关注儿童的社会互动和物理环境。我们可以用图表的方式呈现它们，因为在许多物理空间中发生的社会互动是复杂的，有时会非常短暂。这种观察方法非常有用，可以真正帮助实践者更全面地了解儿童在幼儿园的状态，例如他们在哪里玩耍、是否会东游西逛，以及他们与谁玩耍和互动。我发现，这是理解和跟踪儿童社会性发展最有用的观察工具之一。玛丽·福西特（Mary Fawcett，2009）也探讨过许多不同类型的观察方法，并在她的书中解释了观察法的应用问题。

本书的第三章提到了注意和观察儿童的行为何时发生变化的重要性，以及某些时候这如何向我们传达了儿童不愉

---

① 社会关系网络图是指通过使用类似思维导图的网络图来呈现多个个体（人、团体、组织等）所具有的社会联系。例如，某位幼儿教师曾向译者展现班里儿童同伴交往情况的网络图，以介绍他们之间的友谊。
——译者注

快的情绪或遇到的问题。在提交评估［如早期发展性评估（early help assessment）］信息时，我们可以将对于年龄很小儿童的观察结果作为证据。在英国的大部分地区，早期发展性评估已经取代了通用评估框架①（common assessment framework，CAF）。它们很相似，但形式略有不同，一些人认为它更容易让教师与家长一起使用。我知道有一所幼儿园提交了一份2岁幼儿的观察视频，以此作为旧的通用评估框架的一部分。这为评估团队提供了非常有用的证据，让他们可以耳闻和目睹儿童的全貌。

倾听儿童的定义

当我对幼儿教师进行倾听儿童的培训时，我经常要求小组成员自行对"倾听"进行定义。这是一个有用的练习，因为它让我们有时间反思"倾听"意味着什么。我最近一直在向英国威勒尔市儿童中心的工作人员提供培训，他们写的几个定义如下所示。

---

① 通用评估框架是一个用于识别儿童需求并为他们提供支持的评估系统。使用通用评估框架时，评估员与儿童及其家长或照料者合作，了解儿童发展中现存的问题，然后制订行动计划以提供最好的支持。近年来，通用评估框架已被操作起来更简单和便捷的早期发展性评估取代。——译者注

- 倾听是通过听、看和感受来接收信息，需要我们的积极参与。
- 倾听是一个积极的过程，我们观看、聆听、感受并对所沟通的内容做出反应。

在小组练习中，给"倾听"下定义是有用的。你的团队也可以思考这个定义，思考"倾听"是什么意思。当我们停下来仔细思考时，我们将意识到倾听确实是有层次的。

儿童沟通能力的发展阶段

正如我们所知，儿童天生具有沟通能力。从出生的那一刻起，他们就能够通过各种各样的声音——鼻息声、呜咽声、大哭声——告诉我们他们需要换尿布、喂食、安慰、拥抱、行走或者想要听到让自己平静下来的声音。他们能够用眼睛追随我们，并对熟悉的声音做出回应。作为成人，我们的角色是领会婴儿向我们传递的信息，满足他们的需求并爱他们。《婴儿心理学：关于婴儿哭闹、睡眠和安全感的秘密》(*The Social Baby: Understanding Babies' Communication from Birth*, Murray & Andrews, 2005)[①] 一书呈现了某个出生没多久的婴

[①] 该书简体中文版已由北京科学技术出版社于2022年出版。——译者注

儿的一系列照片：爸爸抱着他并注视着他，爸爸伸出舌头，婴儿专心地看着；爸爸重复这个动作，婴儿进行模仿。这是一组美丽的镜头，它们捕捉了婴儿从出生起是如何与我们交流的。

下面的例子展现了年幼的儿童与我们交流的方式以及他们所做出的选择。当然，儿童的发展有诸多方面，且每名儿童的发展会有所差异。

0—3个月的婴儿会发出不同的哭声，以表达不同的需求，例如他们疲倦时的哭声与饥饿时的哭声不同。对成人而言，关键在于倾听并理解哭声所表达的内容。婴儿很快将学会轻哼，并在愉悦时发出声音。几周后，他们就开始微笑。婴儿从出生起就喜欢看人脸，会目不转睛地观看。如前文所述，他们会伸出舌头，模仿他们所看到的东西。婴儿通常会运用整个身体来做出反应，挥舞着手臂和腿与周围的人交流。

4—6个月的婴儿开始发出更多的声音，比如咯咯地笑和尖叫，并开始咿咿呀呀地发出早期的语音。他们伸手抓握玩具、头发以及他们想要探索的东西的能力有所提高。他们开始表现出对事物和人的早期偏好。

6—9个月的婴儿的能力有了更大的发展，他们会有意识地选择想要抓取和移动的玩具，或者想要与之在一起的成人，比如妈妈、爸爸、姐姐或祖父母。他们能够通过用手指、发出噪声或微笑等方式来吸引周围人的注意力，以便开启交流。

他们开始用手势（如挥手和拍打手臂）进行交流。6个月左右的婴儿能够听到他人说话的声音，开始转向说话的人，能够辨别不同人的名字，并能注意到周围的人在喊自己的名字。

9个月左右的婴儿能够对成人给他们的食物表露出偏好，比如吃香蕉时会咯咯地笑、吃牛油果时眉头紧锁并将牛油果吐了出来。这个月龄的婴儿能坐起来，可以伸手去抓玩具等物品。他们开始能够发现细小的东西，并对周围的一切表现出好奇和兴趣。大约从9个月开始，他们可以选择移动的方向，在整个房间里滚动、爬行或行走（取决于他们的发展情况），向人或物体前进。他们继续通过发出越来越多的声音，例如咕噜声、尖叫声、咆哮声、咿呀学语声和咯咯地笑，向我们展示他们喜欢什么或者想要什么。

这些例子都展示了婴儿在生命早期与我们沟通、表达他们的偏好以及向我们传达他们想要什么的方式。

1—2岁的学步儿正在学习如何移动，逐渐熟练地走路和跑步。他们对是否想要某个东西会做出明确的选择，如想要玩的玩具（或物品）、想要探索的地方和想要吃的食物。他们正在学习词汇，最早学到的单词通常是"不"。

从2岁起，儿童能够表达他们强烈的偏好。对于穿什么衣服、在室内还是在户外玩、想要红盘子还是蓝盘子，他们都能做出自己的选择。他们可以通过发声和做手势来示意你，他们想要某个玩具或者不希望其他儿童拥有它。从2岁起，他们就能告诉你他们喜欢什么样的玩具。

随着不断成长与发展，儿童向我们展示他们的偏好和选择的能力也会同步发展。本节内容并非旨在完整地描述儿童的发展，而是深刻地展示儿童从出生起是如何与我们沟通的，以及他们如何发展选择与决策的能力。从中我们可以看到，那种认为儿童无法做出选择的观点是错误的。

为了更多地了解儿童的发展阶段，请阅读凯茜·布罗迪（2018）关于0—3岁儿童的整体照护与发展的著作，它是很有帮助的。

实践性问题

想一想与你相处的儿童，你在帮助他们做出何种选择？思考如下问题。

- 他们在点心时间需要做出选择吗？例如，有两种可以选择的食物。
- 你如何让他们自主选择要玩什么？
- 你在唱歌的时候会使用里面放有代表歌曲的玩具或图片的篮筐，以便儿童自主选择歌曲吗？
- 儿童是否可以在室内与户外之间自由来去？如果不可以，那么儿童是否有机会选择在室内或户外停留？
- 儿童能选择是否、何时、在哪里午睡吗？
- 在为幼儿园购买新的材料或设备时，儿童是否会提供帮助？

- 你是否会将儿童的兴趣和想法作为计划的一部分？

爱唱歌的水母（林纳，4岁）

积极倾听

倾听儿童是一种有意识的行为，它需要教师做出积极的回应。为了倾听儿童，我们需要遵循以下基本的行为方式。

- 我们需要停下自己正在做的事情。
- 理想情况下，我们应该蹲下来与儿童同高，如果可能的话，要与他们进行眼神交流。
- 看着儿童，留意他们的肢体语言、面部表情和话语。

- 不要打断儿童。
- 向儿童确认你听到的内容;有时候,我们可能没有理解儿童试图向我们传达的信息。
- 如果可能的话,根据儿童告诉你的内容采取行动。

反思模型

当我们和儿童一起做倾听儿童的项目时,在实践中使用反思模型是很有帮助的。科尔布(Kolb,1984)开发的反思模型很有用,且适用范围较广,如下所示。

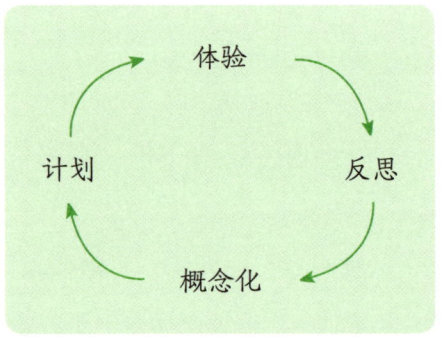

在倾听儿童的项目中,使用这一模型的一种方法是对如下问题进行提问。

- 我们想从儿童那里知道什么?

- 我们怎么样才能知道？
- 我们将如何记录他们所告诉我们的以及我们所了解的东西？
- 我们将如何把儿童的想法付诸行动？
- 我们将如何向儿童进行反馈？

有时，在团队会议或管理工作中使用这一模型作为规划和反思你正在进行的工作的一种方式，是很有帮助的。

参考文献

Brodie, K.（2018）*The Holistic Care and Development of Children from Birth to Three*. Abingdon: Routledge.

Fawcett, M.（2009）*Learning through Child Observation*. London: Jessica Kingsley Publishers.

Gouldsboro, J.M.（2018）*The Voice of the Child: How to Listen Effectively to Young Children*. Oxford: David Fulton.

Lancaster, P.（2003）*Listening to Young Children: The Reader*. Buckingham: Open University Press.

Murray, L. and Andrews, L.（2005）*The Social Baby: Understanding Babies' Communication from Birth*. London: CP Publishing.

Tait, A. and Wosu, H.（2013）*Direct Work with Vulnerable Children: Playful Activities and Strategies for Communication*. London: Jessica Kingsley Publishers.

第二章 有关倾听儿童的政策

幼儿园里的人（安芯，6岁）

在一本关于倾听儿童的书中，我们有必要回顾一下这些年陆续出台的相关政策和法规。

自 2001 年我投身于这个领域起，围绕这一主题的政策和法规就层出不穷。人们开始将倾听儿童纳入政策，并确保所有儿童在法律上拥有被倾听的权利。这些都是我们在努力推进的立法工作。本章将简要介绍英国目前实施的相关政策和法规。

联合国《儿童权利公约》

对我来说，这是我们所拥有的最重要的一部法规。人们很容易认为这是理所当然的，但我相信这是一部非常有影响力的法规，它引领了我们在英国实施的其他法规。《儿童权利公约》于 1989 年由联合国大会决议通过，并于 1990 年 9 月 2 日生效。这是一项具有法律约束力的国际协议，它规定了每名儿童在政治、经济、社会和文化等方面的权利。《儿童权利公约》有 54 条规定，确定了儿童的权利以及政府需要如何共同努力来确保所有儿童都能拥有这些权利。

联合国《儿童权利公约》自 1989 年通过以来，在所有联合国成员国（除美国之外）中生效。联合国儿童基金会的网站上列出了所有批准该公约的国家及其生效的时间。

《儿童权利公约》要求各国政府满足儿童的基本需要，并使他们能够充分发挥其潜能。它承认所有儿童的基本权利，如下所示。

- 生命权，包括成长和发展的权利。
- 免受虐待、忽视和暴力的权利。
- 受教育权，所有儿童发挥其潜能。
- 与家人一起生活以及建立关系的权利。
- 表达自己的观点和意见，以及被他人倾听的权利。

指导原则

联合国《儿童权利公约》的规定可归纳为以下三个类别或指导原则。

- 生存权。
- 受保护权。
- 参与权。

第 12 条规定

《儿童权利公约》的第 12 条有关于支持人们倾听儿童的详

细内容，即："确保有主见能力的儿童有权对影响到其本人的一切事项自由发表自己的意见，对儿童的意见应按照其年龄和成熟程度给予适当的看待。这项权利在任何时候都适用。"

第 12 条表明，儿童是有自己权利的人，他们有权在任何影响他们的事情上表达自己的想法和观点，而这些想法和观点需要成人根据儿童的年龄和成熟程度加以听取、考虑和给予适当的重视。这并不意味着我们要不假思索地去落实儿童的观点，但它确实意味着我们需要仔细地倾听、考虑和重视他们的想法。作为从事儿童参与工作的人士，我们会这样说："儿童并不总能按照自己的意愿行事，但他们至少可以表达自己的观点。"当我们询问儿童的意见时，我们需要确保儿童能够得到我们的反馈。我将在本书中详谈这一点。

反馈

《儿童权利公约》的立法意义在于它能使各国承担责任。问题不在于一个国家是否签署了它，而在于这个国家是否履行了责任。如果一个国家签署了联合国《儿童权利公约》，那么这意味着政府将确保其管辖的所有部门尽一切努力让儿童的权利得到满足和实现。这包括教育部门、地方政府、卫生服务部门和刑事司法机构。每五年，缔约国需要向联合国汇报它们是如何落实儿童权利的。然后，联合国审查并反馈具有可行性的改进措施。联合国要求每个国家都要承担责任。

2016年6月,联合国对英国政府就如何遵守和执行《儿童权利公约》进行了审查。联合国提供了反馈,并就英国政府如何改进提出了关切和建议。联合国的建议包括以下内容。

- 呼吁英国政府实施一项儿童权利行动计划。
- 呼吁英国政府制定、资助和实施一项在未来五年内逐年减少贫困儿童数量的计划。
- 呼吁英国政府将14亿英镑[①]用于儿童和青少年的心理健康服务(Child and Adolescent Mental Health Services, CAMHS)。

作为为儿童服务的成人,我们有责任确保将儿童的权利纳入日常实践中,也有责任让儿童了解他们的权利。《为了每个儿童》(*For Every Child*,Various,2002)内部插图精美,是一本专门向年幼的儿童解释儿童权利的图画书。

《教育法》

2002年,《教育法》(Education Act)第176条规定,所有学生都要作为咨询对象参与事关他们的决策。这当然要考虑

[①] 英国国家货币和货币单位名称,以实时外汇汇率换算为准,当前1英镑约为9人民币。——译者注

到儿童的年龄和理解能力。2014 年，英国教育部就如何实施这一计划制定了指导意见，简明扼要地解释了我们为什么要倾听儿童的意见，表明倾听儿童能使他们成为学校和民主社会的积极参与者，并有助于他们取得更大的成就。有趣的是，《教育法》中所指代的"学生"不包括接受早期教育的儿童。

尽管这是我们的立法，但我不相信人们总能遵守。我不知道是否有很多或一些儿童被咨询过关于我们在英国看到的新自由学校①（Free school）、多学院信托基金②（Multi Academy Trusts）等问题。

《儿童法》和《儿童保育法案》

《儿童法》（2004）是一项法规，我们从中可以看到英国建立的儿童专员机制。儿童专员的主要作用是鼓励儿童提出

---

① 自由学校是英国的一种提供基础教育的学校，由保守党引入英国基础教育系统，旨在帮助不断下滑的英国基础教育重新回到世界前列。自由学校也可以算作"免费"学校，不收学费，受政府资助。但由于该类学校是为响应地方或组织要求，由家长、教师、企业、组织、大学等向教育部申请经费建立的，所以具有较高的自由性，并且不受地方政府的直接管辖，不受国家课程标准的约束，可以自由招募教职工，甚至可以改变教学日程。——译者注

② 多学院信托基金是由多所学院学校共同组成的一个法律实体，由信托基金和董事会管理。学院由英国教育部直接拨款，不受地方政府控制。学院信托基金获得政府资助后，在学院学校间进行资金分配，其优势在于学校有权主导教学大纲而不用跟着英国国家教育大纲，具有自主招生权、自定工资权和拟定聘用制度权等。——译者注

观点，保障他们的利益，理解他们的想法，并鼓励决策者考虑儿童的意见。自 2014 年以来，儿童专员还在儿童保育系统中对儿童权利负有特殊的责任。

2006 年，英国出台了《儿童保育法案》（Childcare Act）。这是第一部专门涉及早期教育和保育的法案。它规定，我们需要倾听和积极考虑年幼儿童的声音。该法案还指出，在涉及儿童的服务规划和运行过程中，儿童需要被视为合作伙伴。它指出，当地方当局就早期教育服务进行商讨时，他们必须考虑如何听取年幼儿童的声音并采取行动。

《儿童保育法案》在刚开始实施时是一项重要的法案。2001 年，我在一个大型的儿童慈善机构从事儿童参与方面的工作，我们团队受地方当局委托开展儿童参与工作。其中一部分工作是和早期教育团队一起打造新的儿童中心，在执行过程中我们需要听取儿童的意见。当时，全国各地有一些很好的例子，不同的官方机构都将儿童参与付诸实践，将儿童与成人共同视为计划者。遗憾的是，我担心这种情况无法长久，尤其是在财政紧缩和预算削减的时候。

英国早期教育体系

英国早期教育体系（Early Years Foundation Stage，EYFS）

非常重视倾听儿童和儿童参与，并鼓励年幼儿童参与决策。2008年的早期教育体系实践指南指出："所有儿童都应得到倾听和尊重。"《发展很重要》(The Development Matters)这一政策性文件提供了有关儿童做决策并权衡选择的案例。从人格、社会性与情感发展方面来看，该政策性文件建议早期教育工作者尽可能多地给8—20个月婴儿提供选择的机会，以帮助他们建立自信和自我意识。

> **实践性问题**
> - 你如何与儿童谈论他们的权利？
> - 你有《为了每个儿童》这本书吗？
> - 当你的园区要进行大改动时，比如增加一个新建筑或开发户外区域，你如何让儿童参与进来？根据相关文件，我们都有责任这样做。

参考文献

Various（2002）*For Every Child*. Wiltshire: Red Fox.

第三章　缺乏倾听的后果

我爱爸爸妈妈（二月，5岁）

我们需要慎重思考对儿童缺乏倾听所导致的后果。这一章确实带有一丝警告的意味，因为我们在这里看到的一些案件是令人惋惜的。然而，重要的是，我们要认识到，当我们拒绝倾听儿童的时候会发生什么。

重大案件回顾

通过回顾诸多情节严重的案件，我们发现，拒绝倾听儿童的后果是惨重的，可能会导致儿童死亡或对其造成严重的伤害。正是基于这样的考量和《沃特豪斯报告》（Waterhouse Report）①，彭妮·兰卡斯特（2003）被委托开发了"倾听幼儿"的工具包。在《沃特豪斯报告》发布后，有人建议，如果我们倾听儿童的心声，那么虐童事件就有可能得到限制和

---

① 20世纪七八十年代在北威尔士的看护中心发生过虐童事件，北威尔士对此专门开设了虐童案审理法庭，为首的法官是沃特豪斯，并由此产生了《沃特豪斯报告》。——译者注

防范（Lancaster, 2003）。遗憾的是，从那时起，仍有许多情节严重的事件相继发生，其原因在于没有人倾听这些儿童，也未曾从这些儿童口中确认发生了什么，更没有认真对待他们的观点。下面将谈及两个成人未能倾听儿童和青少年的案例。

维多利亚·克林比

这个悲剧的主人公维多利亚·克林比（Victoria Climbié）是一个8岁的女孩。她的姑姑及其伴侣不仅忽视她，还对其进行身体伤害，最终导致她在2000年死亡。后来，此事件由拉明大法官（Lord Laming）领衔调查，引发了保育和教育领域的重大变化，推动了《每个儿童都重要》（Every Child Matters）的颁布，以期所有相关机构都能交流和分享信息。《每个儿童都重要》是一项重要且关键的法规，因为它能将所有为儿童服务的机构纳入地方当局的体系中。毋庸置疑，它迫使所有为儿童服务的机构共同沟通与协作，这听上去是显而易见的事情，但在实践中我们常常会忽视这个部分。之后，在2011年，关于儿童保护的《芒罗评论》[①]（Munro Review）也强调了跨专业合作的重要性。

维多利亚案的一个引人注意的方面是，许多不同的机构

---

① 《芒罗评论》是英国伦敦政治经济学院的艾琳·芒罗教授所开设的一个关于儿童保护的专栏，评论会协助专业人员就如何帮助遭受虐待或忽视的儿童和青少年做出最佳判断。——译者注

和专业人士都曾见过这名女孩。维多利亚并不是一名无人察觉的儿童。从 1999 年 4 月她抵达英国到 2000 年 2 月去世,她曾与两家住房机构、四个社会服务小组、两个警察局的儿童保护小组和一个由英国防止虐待儿童学会(National Society for the Prevention of Cruelty to Children,NSPCC)运营的中心发生过关联,并因遭受故意伤害而被送进两家医院。据说,有 12 个关键场合,服务部门本可以介入其中。一个关键问题是各机构之间缺乏沟通(Laming,2003)。另一个问题是,没有人向维多利亚询问她的伤势,也没有人关心她过得好不好、她的感觉如何,或者她是否有任何担忧与顾虑。这其中的主要原因是,她说的是法语,而各机构没有翻译人员。所以,当机构中的工作人员询问她时,只能让她的姑姑充当翻译。

维多利亚案是一个悲剧,人们很容易以她说法语为借口来解释为什么她没有被倾听。然而,令人遗憾的是,我们知道,即使增加了关于儿童保护的培训以及加强了各机构之间的沟通,仍有许多儿童死亡的例子,而与其相处的成人没有倾听或询问他们。

英国教育标准局有关重大案件中倾听儿童的主题报告

2011 年,英国教育标准局(Office for Standards in Education,Ofsted)发布了一份主题报告,该报告着眼于倾听儿童的声音以及从对重大案件的回顾中吸取教训。该报告回顾了从

2010年4月1日至9月30日所发生的67起重大案件，其中一个关键的发现是：工作人员对儿童的重视程度不够，儿童没有被问及他们的观点和感受。该报告披露了五个重大案件，这些案件凸显的共同主题是，人们并不把儿童的心声和经验视为处理或考虑案件的中心。

可悲的是，这一点至今没有得到改善。2016年，在对3个月大的婴儿克里斯托弗·奥斯特尔（Christopher Ostle）死亡案件的回顾中，人们发现，由于其母亲复杂的心理健康需求，克里斯托弗及其哥哥姐姐的声音不曾被倾听。专业人士因"缺乏好奇心"而感到愧疚，他们并没有试图发现儿童在日常生活中的遭遇（Stevenson，2016）。

我们都有责任倾听和保护儿童

每一个与儿童相处的人都有责任保护他们。我们都知道这一点，因为我们在这方面都接受过训练。但是，有时，我们很容易在工作中忽视儿童的声音。

育儿顾问是我的另一重身份。我在英国巴斯的一个名为"三条路，未来更光明"（Three Ways, Brighter Futures）的团队工作，是他们培育拓展服务①（Nurture Outreach Service）中的一员，支持大班儿童从幼儿园过渡到小学一年级。我支持儿童保护计划中的一些儿童以及一些有特殊需要的儿童。

在与儿童相处时，我的核心工作是倾听他们告诉我的事情，无论这些儿童是否为社会服务机构所知。有时，儿童会详细地诉说，但有时不会，这就需要我来观察和注意儿童的行为是否发生了改变、他们是否开始在某些方面看起来有所异样，或者他们的语言是否发生了变化。重要的并不总是那些大的或明显的事情。我会和其他工作人员讨论我所看到的东西，也会和儿童交谈。不过，儿童可能不透露或不讨论他们的感受，这并不奇怪。我会将自己注意到的变化记录下来，并将其作为回顾和追踪儿童变化的有效工具。在幼儿园里，教师会持续记录儿童的问题，社会服务机构或其他机构显然也可以参与进来，分享我们对儿童的关注。

要点在于，我们应当通过所有的感官来倾听儿童告诉我们的东西。这不仅包括儿童说的话，还包括他们的行为和外表。儿童的行为或外表不会毫无理由地发生改变，一定会向

---

① "三条路学校"（Three Ways School）是一个单一的学院信托基金，致力于服务有特殊教育需求的儿童。2007年之前，巴斯有三所独立的特殊学校，它们于2005年9月合并。"未来更光明"是"三条路学校"的下设部门，致力于向儿童与青少年提供高质量的专业教育服务，以便他们能够取得成就并茁壮成长。培育拓展服务（Nurture Outreach Service）则是"未来更光明"部门下的项目，致力于为遭受枪支暴力风险的年轻人提供全面和有针对性的干预与预防服务。——译者注

我们透露一些需要我们倾听和付诸行动的事情。

我摔跤了（娅娅，5岁）

正如在第二章中所提到的，倾听的对象不能仅仅是年龄大一点的儿童，而应是所有儿童，无论他们的年龄和能力如何。在常规的监护工作中，我们应该为倾听儿童腾出专门的时间。例如，在我的上一个团队中，我们会在每月团队会议的议程中分享我们倾听儿童之所得。在评估表格上，我们应该有一个部分用于征求儿童的意见，不应将其留白或评论儿童太小。

本章举例说明了如果我们对儿童缺乏倾听并且不采取行动会造成的后果。它们发人深省，让我们不寒而栗，但同时让我们明白，通过倾听儿童，我们可以让他们的生活变得更好。泰特和沃苏（2013）描述了在与儿童的每一次互动中，我们如何有能力改变儿童对成人的看法，儿童的心理治疗过程可以从成人相信他们、倾听他们、与他们交往开始。这带来了诸多的希望,我相信,我们可以成为与我们相处的儿童的希望。

> **实践性问题**
> - 你如何确保自己在工作中倾听儿童并付诸行动?
> - 当儿童的行为发生改变时,你会问:儿童现在发生了什么?他们想告诉我什么吗?

参考文献

Laming, W.(2003)The Victoria Climbie inquiry.

Lancaster, P.(2003)*Listening to Young Children: The Reader*. Buckingham: Open University Press.

Ofsted(2011)The voice of the child: learning lessons from serious case reviews.

Munro, E.(2011)The Munro review of child protection final report.

Tait, A. and Wosu, H.(2013)*Direct Work with Vulnerable Children: Playful Activities and Strategies for Communication*. London: Jessica Kingsley Publishers.

Stevenson, L.(2016)Voice of children not heard in case where baby died, review says.

第二部分

我们如何倾听儿童

蔡老师在上课（年糕，6岁）

第四章　员工招聘

我们和老师做游戏（柠檬，6岁）

在当今许多学校的员工招聘中，儿童参与是极为常见的事情。长期以来，在非营利组织中，人们也将儿童参与视为明智之举。最初，这种做法在高中以及其他为青少年提供服务的机构中更为常见。随着时间的推移，早期教育领域也开始盛行这样的做法。当我得知一些学校或幼儿园禁止儿童参与员工招聘时，我颇感失望。我坚信，如果一份工作涉及儿童，那么招聘流程中应当出现他们的声音。

我们知道，在招聘员工时，我们需要特别关注安全问题。让儿童参与员工招聘，实际上传达了一个明确的信息，即你非常认真地倾听儿童的意见，这是对儿童的安全采取的保障措施。

多年来，我有幸支持儿童在员工招聘中发出自己的声音，也曾与2—18岁的儿童一起参与众多不同岗位的员工招聘，并荣幸地接受过他们的面试。

儿童参与员工招聘，表明了儿童有权决定他们的工作伙伴，也表达了你对其观点的认可，说明儿童的观点与成人的观点一样受到重视。

根据我的经验，我发现儿童在招聘方面具备卓越的洞察力。他们常常提出成人未曾考虑过的问题，能够敏锐地察觉求职者的真实为人，并成功地使其放松身心，这些方面都远远超越了成人的表现。如果我们希望求职者能够为儿童提供服务，那么他们就不应该对儿童的提问感到焦虑不安。有时，儿童会提出一些出人意料的问题，其中我最喜欢的是"如果你是动物，你会是什么动物？"。无论如何，如果你有信心为儿童服务，那么你应该能够自信且诚实地回答他们提出的任何问题。

当儿童参与不同岗位的员工招聘时，你需要对他们的需求保持高度敏感。如若你想让儿童参与其中，你必须事先确保获得他们的许可，如果他们明确地表示不想参加这项活动，你就必须予以尊重。但是，我认为让儿童参与员工招聘大有裨益。

儿童参与员工招聘的方式多种多样，以下建议来自我多年的实践经验。

任职资格（2岁及以上的儿童）

让儿童参与有关任职资格的讨论，标志着员工招聘开始考虑儿童的观点。在任职资格的设定中，可以有一个部分写着"我们的儿童希望你……"。在这部分，你可以和儿童共同商议，了解他们希望在新员工身上看到的品质。

- 你可以组织一个小组讨论会,围绕"一个优秀的关键人(key person)①、班主任或教师的特征"展开。
- 你可以在一张大纸上画一个大人的轮廓,然后写下儿童对新员工的大致期待。例如,儿童想到了善良、擅长修理玩具、擅长读故事、会踢足球、会爬树等特征。需要注意的是,每组儿童的期望可能存在差异。

任职资格的设定应该涵盖儿童用自己的语言所表达的意见。以上活动适用于员工招聘,儿童的想法可能会随着时间的推移而发生变化。

> **范例:儿童有关任职资格的想法**
>
> 幼儿园的孩子们告诉我们,他们希望招聘的教师能做如下这些事情。
> - 能够生动地朗读故事。
> - 制造胶水。
> - 讲笑话。
> - 爬树。

---

① 关键人是英国早期教育体系的核心制度要求之一,英国教育标准局规定每个托幼机构都要实施关键人制度。园所里,那些对一小组儿童负责,让儿童感到安全、被关爱并促进儿童发展的教师被称为"关键人"。——译者注

面试小组（3岁及以上的儿童）

作为招聘流程的一个部分，许多学校会采取这样的形式：在成人面试小组旁边设立儿童面试小组。我曾在小学里以这种形式招聘过校长、教师、助教和午餐时间的员工。在非营利组织的招聘中，我也采用过这种形式。

采用面试小组这一形式时，让儿童做好适当的准备至关重要。这种准备需要时间，所以不要着急。我通常会花几天的时间来做准备，准备的部分内容包括：简单地向儿童解释为什么面试、面试是如何进行的、会发生什么、如何提出问题以及如何给求职者打分。首先，谈谈儿童想要哪种类型的员工，以及如何确保求职者符合他们的期待。其次，很重要的是，跟儿童聊一聊我们所做的决策应取决于求职者陈述的信息，而非他们的着装或长相。这一点很重要，曾经有两名儿童只因为求职者穿着"漂亮的粉色开衫"而打分很高！在这种情况下，我忘记了向儿童解释我们不应该根据外表打分的原因。不过，儿童通常极富洞察力，能够审视员工的优势和弱点，并经常提出一些极好的问题。

你还需要向儿童解释，他们的观点将如何构成最终决策的一部分。你更需要知会他们，他们选择的人未必能得到这份工作，但你们会慎重考虑他们的意见。

与儿童一起招聘，你确实可以从中获得丰富的经验。通过下面的例子，我学会了确认儿童是否理解我所表达的内容。在一所规模不大的小学里，我准备让儿童面试一位校长，并告诉儿童我们将给求职者打分。我发现，孩子们普遍认为我们的评分方式类似于《舞动奇迹》①，但当他们发现自己不能像节目一样使用3分、7分或者10分的打分牌时，他们感到非常失望。我想这也是一种面试方式，尽管我认为求职者在看到自己得了3分或1分时可能会非常难过！

> **招聘过程指南**
>
> - 向儿童解释面试是如何进行的、他们的角色是什么，以及他们的选票将如何计算。
> - 儿童制定提问清单。
> - 共同商定哪些儿童将提出问题（理想情况下，每名儿童提出一个问题）。
> - 在小学或幼儿园中，让年长的儿童帮助年幼的儿童效果会很好。
> - 与儿童商定如何打分，在带夹子的写字板上放一张简单的记分表供儿童使用。我通常采用1~3分或1~5分的范围。
> - 在每位求职者面试结束后，和儿童讨论他们的想法。把

---

① 英文为 Strictly Come Dancing，是英国最受欢迎的娱乐节目之一，采取打分牌的方式打分。——译者注

这些想法写下来，因为它们对于合理评分会有助益。
- 在这个过程结束时，把最后的决定告诉儿童。
- 以某种方式对参与面试的儿童表示感谢，可以是一张证书，也可以是一次特别的下午茶。

征集儿童的问题（2岁及以上的儿童）

我知道一些幼儿园和儿童中心会提前征集一些儿童的问题用于面试环节。他们并没有让儿童在面试中向求职者提问，而是在成人面试小组中使用儿童的问题。面试官会问儿童，他们认为求职者应该给出什么样的答案。这是一个将儿童的观点融入招聘的简单方法，有助于我们了解对儿童而言，作为一名幼儿园的教职工，什么是重要的。我曾听过这样的问题：你最喜欢的书是什么？你知道如何制作纸飞机吗？你会让我爬树吗？之后，面试官需要向儿童反馈录用者对其所提问题的回答。

儿童活动（18个月及以上的儿童）

许多幼儿园会采取这样的方式，即要求每位求职者与儿童小组一起策划和执行一项活动。作为管理者，这一做法使你能够观察求职者如何与儿童互动，以及儿童如何回应他们。同时，你还能够考察他们所选择的活动类型是否适合儿童所处的年龄或发展阶段。

当你这样做时，招聘小组中需要有一位成员负责观察活动。最后，我们需要与参与活动的儿童进行对话，了解他们对活动的想法。我会提出如下问题：

- 你喜欢这个活动吗？
- 这个活动有什么让你感到开心的地方吗？
- 这个活动有什么让你感到难过的地方吗？
- 你对这位求职者的印象如何？

将儿童的评论和你的观察作为小组决策过程的参考信息，并确保向儿童进行有关他们参与情况的反馈。

与儿童一起观察（出生以后的儿童）

许多幼儿园要求求职者在婴儿和学步儿的教室里停留一段时间（大约半小时）。这个机会可以用来观察求职者如何回应儿童，以及儿童如何回应求职者。请记住，当你这样做时，招聘小组中需要有一位成员负责观察并向小组进行反馈。

针对求职者，我会关注以下几点。

- 求职者对儿童的敏感性。例如，求职者是允许儿童接近他们还是他们入侵了儿童的空间？
- 他们会向儿童介绍自己吗？
- 他们会和儿童一起玩吗？
- 他们和儿童有眼神交流吗？

针对儿童，我会关注以下几点。

- 儿童如何出现在求职者的周围，他们快乐且自在吗？
- 是否有儿童看起来很苦恼？求职者对此有何反应？

当然，将一个新加入者介绍给班里的儿童是很棘手的事情，有些儿童可能对此感到极为不悦。作为教师，你需要了解班里的儿童以及他们与新加入者的相处方式。你还需要对一天中带了多少位求职者进入教室保持敏感。一般来说，我一天不会带超过两位求职者进入教室，并且他们之间会有很长的时间间隔。切记，这是儿童的空间，我们必须给予充分的尊重！

员工考核（2岁及以上的儿童）

幼儿园应该同时采用日常监督和年度员工考核两种形式。

在儿童慈善机构工作的五年里,我们将儿童的意见纳入员工考核中。在工作中,我的职责之一是管理四处闲逛的儿童的游戏活动。我们有一辆小型的公交车,它会载着我们到营地开展游戏活动。我鼓励儿童分享他们对游戏工作人员的看法。

我告诉儿童,工作人员在游戏中需要履行以下职责。
- 和儿童玩。
- 在公交车上,确保儿童的安全。
- 为儿童准备食物和饮料。

我会问儿童以下问题:
- 在……的工作中,哪些地方做得很好?
- 在……的工作中,哪些地方能做得更好?
- 在公交车上……如何确保儿童的安全?
- 你们还想告诉我什么?

在员工考核中,我喜欢询问儿童的意见,在担任校长理事会主席时我也这样做过。儿童非常善于发现积极的事物和给予积极的评价,也极富洞察力。一群有学习障碍的儿童告诉我的管理者,我需要锻炼自己的方向感,因为我在开车带他们旅行时经常迷路。事实证明,他们的观点是完全正确的!

作为一名管理者,让儿童参与员工考核,你可以直接听到儿童对员工的感受。作为一名员工,这种做法不仅有用且鼓舞人心。当有员工处于窘迫的境地时,儿童会给予其一些充满善意和鼓励的话语。

> **实践性问题**
>
> - 回想一下,你所在的园所如何招聘员工?儿童参与招聘工作吗?如果没有,为什么呢?
> - 在建议清单里,是否有你没有尝试过但想要尝试的事情?
> - 在你们的员工招聘制度中,是否出现过承诺让儿童参与招聘的声明?

下棋的我们(姜姜,6岁)

第五章 幼小衔接

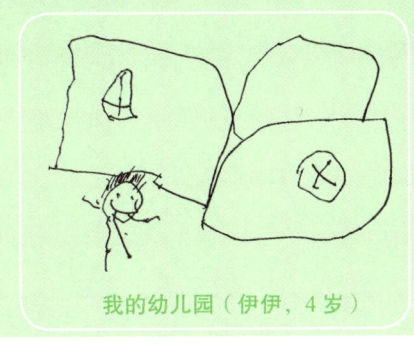

我的幼儿园（伊伊，4岁）

我们知道，儿童的入学准备至关重要。关于幼小衔接与入学准备的问题，已有不少优秀的著作。2017年，安妮·奥康纳（Anne O'Connor）再版了她的著作，修改内容涉及对早期教育中过渡期的理解以及支持儿童的依恋行为与心理弹性等方面。这本书的杰出之处在于提出了过渡期的相关困境与问题。作为一名育儿顾问，我花了很多时间来谈论和思考有关幼小衔接的问题。我们所帮助的儿童，需要我们在幼小衔接中给予高水平的支持。塔姆辛·格里梅（Tamsin Grimmer, 2018）曾写过一本关于入学准备的书①，这本书全面地探讨了入学准备以及我们如何帮助儿童平稳过渡的问题。

多年来，作为成人，我们往往自以为知道儿童需要了解什么，或者什么对他们来说是重要的。然而，当我们停下来倾听，通过儿童的视角看世界时，我们可能会发现情况与我们所设想的大相径庭。作为成人，我们可能认为，我们知道儿童在幼小衔接中需要怎样的支持，但如果我们停下来问儿

---

① 该书的简体中文版《入学准备与有效学习——如何做好幼小衔接》已由中国轻工业出版社于2022年出版。——译者注

童，可能会听到截然不同的答案。我曾帮助过一个处于幼小衔接阶段的小女孩，对于学校的教师、同伴以及游戏，她表现得平静且开心，但她很害怕午餐时间，因为她真的不喜欢学校里的某些食物，但她认为自己会被要求吃光所有食物。通过倾听她的担忧，以及在与学校和家长取得沟通后，大家一致同意她可以不吃学校提供的午餐。对此，这个小女孩感到如释重负，内心变得更加平静。本章将提供一些方法，让儿童可以参与幼小衔接，而我们可以在倾听儿童的顾虑与担忧中，洞察他们的喜怒哀乐。

一起吃午餐（桐桐，5 岁）

一个儿童会经历的许多过渡期

如今，我们在早期教育中越来越关注入园过渡与入学过渡的问题，并认识到其中的转变会导致许多儿童感到脆弱、恐惧和焦虑。然而，我们通常容易忽略其他环节的过渡，比如从婴儿教室到学步儿教室，再到幼儿的教室，或者儿童在一天中的许多过渡时刻，如离开父母、到午餐室和从室内到户外。凯茜·布罗迪（2018）将这些更小的过渡描述为微观过渡，并意识到这些过渡也有可能会牵动儿童的情绪。

另一个我特别关注的过渡是从大班到一年级的过渡。这可能是儿童面临的最大挑战，因为目前一年级课程与幼儿园课程有很大的不同。在许多一年级课程中，游戏比幼儿园阶段少得多。令人遗憾的是，根据我的经验，在向一年级过渡方面，我们并没有帮助儿童做好充足的准备。着眼于如何谨慎地帮助儿童过渡到一年级，阿利斯泰尔·布赖斯-克莱格（Alistair Bryce-Clegg，2017）写过一本非常好的书。安娜·埃夫格雷夫（Anna Ephgrave，2017）的著作也展现了将早期教育教学法融入一年级的可能性。他们一致认为，如果遵循上述原则，儿童将会在幼小衔接阶段获得大为不同的体验。不幸的是，在当前状况下，这一点似乎还没有得到充分的认可，并且有些令人担忧的言论仍在此起彼伏：让幼儿园更像一年级吧，减少儿童的玩耍时间。我认为，这可能是有害的一步，并且会对学前儿童的健康与幸福造成不良影响。

我们邀请儿童参与幼小衔接——和他们交谈、倾听他们并协助他们做好准备——就是在极力维护他们的健康。

讨论故事书（3岁及以上的儿童）

在与儿童进行不同类型的讨论时，我一般采取"讨论故事书"的方法。我首次尝试这种方法是在做本科毕业论文的时候，论文是以我与地方当局合作的幼小衔接项目为基础展开的研究。该项目旨在通过与一群儿童相处，了解他们对小学的看法与担忧，以及他们对小学的了解程度。为此，我以"莉莉开始上学"的故事为背景，制作了一本简单的故事书。这个故事向儿童透露了，莉莉上学时会穿什么、她要去哪所学校、她在午餐时间会做什么、她的老师是谁以及她在班上有哪些朋友。这个故事还谈到莉莉对什么感到兴奋、对什么感到害怕。每一页都有关于莉莉上学的陈述，并配有一张合适的照片和一个问题。

范例：莉莉上学故事中的问题

- 莉莉将要去新学校，这所学校名叫"卡默顿小学"。你要去哪里上学？
- 莉莉学校的套头毛衣是蓝色的。你学校的套头毛衣会是什么颜色的？
- 莉莉将要和她的朋友梅甘一起去上学。哪些朋友要去你的新学校？
- 莉莉将和她的爸爸一起骑着自行车去上学。你将怎么去

> 上学?
> - 莉莉将在学校吃午餐,她喜欢吃土豆。午餐时间,你会干什么?
> - 莉莉很期待能在教室里玩海盗船。你在学校里期待做什么?
> - 莉莉有点担心游戏时间,因为她害怕操场上的大型攀爬架。关于学校,你有什么担心的吗?

通过这种方法,我们将快速地了解儿童的已有经验,倾听儿童关于小学的担忧、烦恼与期待。尽管这是一个简单的练习,但它能够让我们开启与儿童的对话,倾听儿童所关注的事情。在我接触的第一组儿童中,有一个儿童患有唐氏综合征,我们通过"默启通"(Makaton)[①]进行交流。我可以用默启通向他提问,给他看书中的图片,使他能够参与对话。通过这种方法,我们意识到小组里有一名儿童还没有为上学做好准备,她的妈妈还没有给她买校服,也没有和她谈论学校午餐的事情。这向我们表明,这个家庭需要额外的支持。通过这种方法,我们还发现另一名儿童担心如厕的问题(这经常引起儿童的担忧)。对此,我们可以为他提供一些额外的支持,比如拍摄小学的厕所照片给他看、带他走进厕所以及

[①] "默启通"是一个支持肢体语言的手势系统,通过给儿童视觉提示,帮助他们理解和交流自己的需求。——译者注

聆听厕所里发出的声音。

自从我开发了"讨论故事书"这个工具,许多幼儿园和家庭都开始采用。它操作简便,适用于任何想要收集儿童想法的人。如果你想帮助儿童顺利进入幼儿园,也可以运用类似的方法。

为刚进入班级的儿童制作小册子(2岁及以上的儿童)

多年来,我和一些儿童共同开展过一个项目,即让儿童为即将进入班级的新生制作一本小册子。作为成人,我们通常认为我们知道儿童及其家长需要知道什么,但当你与儿童交谈时,你发现他们会有很多其他的想法。当我和一群大班儿童制作小册子时,孩子们说我们首先需要做的事情是添加一张关于厕所的照片,并附上文字:"你可以随时请求如厕,不要害羞,它就在教室外面,你可以在水槽里洗手。"

这是一个可爱的项目,我们可以在一年中的任何时候开启它。当新来的儿童进入班级时,或者每年9月的开学月,我们都可以开展这个项目。项目的成本不高,只需要用计算机制作几页可复印或可打印的小册子即可。有些小组会使用儿童拍的一些照片,其他小组会混合使用照片和儿童的绘画作品。有些小组会把小册子复印给每位新生,鼓励他们把它带回家，在开学之前和家人一起浏览；其他小组会在新生参观学校时，将其作为工具展示给儿童。虽然第一种做法涉及成本问题，但儿童收到它时通常会很兴奋。在入学之前，家长们也会和儿童一起时不时地拿出来翻看，它可以帮助儿童为幼小衔接做好准备。

像这样的项目也适用于新入园的儿童，幼儿教师可以和儿童一起为新入园的弟弟妹妹们做一本小册子。此外，一年级的儿童也可以为即将从学前班过渡到一年级的儿童做一本小册子。

有关和儿童一起制作小册子的建议

这本小册子的目的是向每名新来的儿童提供一些帮助他们顺利过渡的小贴士。

- 首先向儿童解释，你们将为刚入学的儿童制作一本小册子。
- 谈一谈他们刚来到学校时的感受。
- 了解儿童认为新生需要知道的东西。
- 询问儿童他们想要在小册子上粘贴什么样的照片或图片。
- 在小册子中使用儿童的语言。

照片或视频项目（2岁及以上的儿童）

作为培育拓展服务每年的活动之一，我们会与儿童一起开展照片或视频项目。在春季学期，我们鼓励儿童以拍照或拍视频（或两者兼有）的形式记录愉快的校园时光。我们会告诉儿童，我们将通过这些照片或视频告诉他们的一年级新老师他们喜欢什么，帮助新老师尽快了解他们。孩子们非常喜欢这个项目，他们在学校和教室里玩得很开心，并为喜欢的东西拍照。拍摄完成后，我们会一同欣赏这些照片，并谈论他们拍摄这些照片的原因。作为一名工作人员，我会把照片和儿童的评论整理成一本简单的小册子。如果我们有视频，我会把它下载到一个安全的共享空间。有时，我也会同时做这两件事情（将照片整理成册、下载视频）。接着，我与儿童一起把这本小册子或视频展示给他们现在的助教和教师。这是一个能让教师倾听儿童并通过儿童的眼睛重新审视教室或学校的好办法。我们如果知道儿童的一年级新老师是谁，就会在学年末的时候向新教师展示这些作品。

开展照片或视频项目的好处在于，它能让你真正地通过儿童的视角洞察周遭的环境。我们所教授的一名儿童拍摄了一部电影。电影中，当儿童走进学校时，首先映入眼帘的是一面空白的墙。儿童拍摄儿童中心的时候也是如此，他们在入口处看到的是空白的墙壁。我们平时往往将陈列物放在儿童的视线以上,但通过儿童视角看到的环境可以帮助我们重新思考空间。

开展这样的项目对那些在幼小衔接中感到困难的儿童特别有益。当然,能和每名儿童一起开展这样的项目是再好不过了,但我们并非总有机会。

在这个项目中,有一名儿童非常迷恋超级英雄,他拍的所有照片中都出现了他随身携带的蝙蝠侠和蜘蛛侠玩具,他拍摄的学校照片中也出现了印有超级英雄的午餐盒和水瓶。他的新老师在为开学做准备工作时注意到了这个情况,于是制作了各种各样的超级英雄教具,例如一年级会用到的数字牌、书写材料等,并且在教室里添置了有关蝙蝠侠的乐高玩具。新老师追随儿童的兴趣,意识到儿童需要额外的支持。令人颇感欣慰的是,通过识别儿童的兴趣,新老师找到了帮助儿童顺利过渡的方法。

玩玩具(熙熙,5岁)

> **照片或视频项目的使用方法**
>
> 该项目适用于以下儿童。
>
> - 从幼儿园向小学过渡的儿童。
> - 从家庭托儿所向幼儿园过渡的儿童。
> - 刚进入家庭托儿所、幼儿园或小学的儿童。他们可以在家里拍摄,要么是在教师家访时,要么请家长与儿童一起拍摄。
> - 在幼儿园或小学里的班级之间过渡的儿童。
>
> 显然,如果要开展这样的项目,你需要征得所有相关人员的许可。

一本关于儿童本人的书(出生以后的儿童)

作为儿童适应过渡期所使用的资源的一部分,你可以为他们制作一本关于儿童本人的小册子。我知道,某些幼儿园的婴儿班和学步儿班都会给每名儿童制作一本小册子,家庭托儿所也会这么做。这种小册子也同样适用于学前班的儿童。对于年龄大一点、理解能力强一点的儿童,我们可以邀请他们一起制作小册子,他们可以自行选择照片或自己拍照。

小册子里包含儿童的照片、他们喜欢做的事情、家里的照片，比如重要的人、宠物、最喜欢的玩具照片等，这有助于儿童对幼儿园产生归属感。这些东西与儿童的家庭息息相关，可以作为一种安慰物。儿童和他们的关键人可以共同浏览幼儿园为他们提供的小册子。我还看到过一些幼儿园将小册子悬挂于低矮的墙面，这样儿童可以在他们想看的时候随时浏览。

要做到这一点，你需要家长提供照片。如果你给出明确的指示并解释为什么想要这些照片，那么家长们通常都很乐意配合。通常，我们将小册子塑封，以延长其使用寿命。虽然收集这些材料确实需要一些时间，但它们是一种很好的资源，可以有效地支持儿童顺利过渡。它们也可以随着儿童从一间教室搬到另一间教室。

实践性问题

- 当新的儿童来到你的园所时，你是否在开始的时候会让他们有一个适应的过程，比如在他们全天入园之前先从半天入园开始？
- 你是否向儿童及其家长提供关于你们园所的信息？
- 对于微观过渡，你关注了什么？你是否为儿童准备了额外的提醒、可视化时间表等？

参考文献

Brodie, K.（2018）*The Holistic Care and Development of Children from Birth to Three*. Abingdon: Routledge.

Bryce-Clegg, A.（2017）*Effective Transition into Year One*. London: Featherstone.

Ephgrave, A.（2017）*Year One in Action: A Month-by-Month Guide to Taking Early Years Pedagogy into KS1*. Abingdon: Routledge.

Grimmer, T.（2018）*School Readiness and the Characteristics of Effective Learning*. London: Jessica Kingsley Publishers.

O'Connor, A.（2017）*Understanding Transitions in the Early Years: Supporting Change through Attachment and Resilience*. Abingdon: Routledge.

第六章　活动组织

唱歌表演（大依，6 岁）

如今，人们逐渐认识到追随儿童的兴趣在儿童学习中的重要性。诞生于意大利北部的小镇瑞吉欧·艾米利亚的早期教育机构以其充满创造性与儿童主导的实践影响了许多人。瑞吉欧教育者们的工作体现了创造力，并彰显了"儿童有一百种语言表达自己"的教育理念（Edwards, Nandini & Forman, 1998）。瑞吉欧教学法坚信每个儿童都是独特、强大且有能力的学习者。瑞吉欧教育者们认为自己的作用在于倾听和理解儿童个体的交流方式，成为每个儿童身边的共同学习者。

追随儿童的兴趣（出生以后的儿童）

在英国，安娜·埃夫格雷夫（2015，2018）在书中谈到的儿童主导下的学习与即兴计划①启发了大量的早期教育实践

---

① 即兴计划（in the moment planning, ITMP）最早由英国的安娜·埃夫格雷夫提出，是一种有别于传统早期教育方式的生成性课程策略。教师基于儿童的兴趣，结合当下实际的课程资源进行即兴的活动组织。——译者注

者。这种工作方式鼓励并促使早期教育实践者倾听和追随儿童的兴趣。安娜曾这样描述,在她的幼儿园里,你不会看到任何"预先计划的活动或主题活动"(Ephgrave,2015)。研究和实践表明,通过追随儿童的兴趣和热情,教师能够拓展和鹰架儿童的思维。当儿童对某件事充满热情时,他们会产生更大的求知欲,而我们可以追随他们的兴趣,持续拓展他们的经验。这种工作方式在各个年龄段都是可行的。

实践范例:英国巴斯的圣马丁斯花园小学

在圣马丁斯花园小学,学前班正在实施即兴计划。那天早晨非常寒冷,儿童在户外发现花园里的各种容器都结了冰。这时,五个男孩组成一个小组,共同收集冰块,教师则为他们提供了一个大托盘,供他们将冰块放入其中。小组成员花了些时间共同研究这些冰。一个男孩兴奋地对朋友喊道:"快看,它变成了水,它变成了水!"教师在此时引入了有关融化和凝固的概念。接下来,孩子们继续搬运冰、扔冰、踩冰以及观察冰如何融化并变成雪泥。他们还假装做了一个溜冰场(有一个男孩见过我们城市刚在冬季开放的一个溜冰场)。在这个活动中,儿童的语言、数学、科学、社交以及身体技能都得到了发展。与冰块的小小互动给儿童带来了多方面的收获,真是太棒了!教师本可以告诉儿童只能看冰但

> 不能触碰，或者引导他们进行一个预设好的活动，但谢天谢地的是，作为一位优秀而有经验的实践者，她能够抓住儿童兴致勃勃的时刻来鹰架他们的学习。她追随着儿童的好奇心和乐趣，并鼓励他们进行探索。这样一来，教师发现儿童的学习远远超出了她的预期。

地板书计划（18个月及以上的儿童）

另一种让儿童参与活动计划的方式，是采用克莱尔·沃登（Claire Warden，1995）开发的"谈话与思考地板书方法"（Talk and Thinking Floorbook Approach™）。这一方法能够让你与一小组儿童合作，收集他们的想法。你可以借助这种方法和儿童一起观察、计划和记录。如果你想使用这种方法，那么首先你需要提供一些材料与儿童的兴趣产生联系，然后与儿童一起研究这些材料，并将他们有关活动计划的想法记录在大的纸张上。我曾经观察到一位教师使用这种方法。儿童对狐狸很感兴趣，于是，教师提供的活动材料有一只玩具狐狸、一张他们所参观的树林的图片、几根木棍、一本故事书、一条绳子和一张鸡的图片。在此基础上，儿童和教师制订了那周的活动计划：去当地的农场买一些鸡蛋、野餐、在树林里玩躲猫猫游戏、在树林里为狐狸建一座房子、玩狐狸抓鸡的游戏、画狐狸和它们的家。

小花小草喝点水（法法，6岁）

我曾看到很多家庭托儿所、幼儿园和儿童中心使用这种方法。它最适合小组儿童适用。如需更多了解，可参阅克莱尔·沃登提供的更多资源。

记录儿童的学习（出生以后的儿童）

我们知道，记录儿童的学习是一种好的做法。它使我们能够与儿童、家长和同事分享儿童的想法以及学习旅程，并对其进行反思。学习日志已经在早期教育实践中得到了广泛的应用。它们通常由成人制作，关键人会将儿童在学习中发生的故事以照片、绘画的形式汇总到一起。目前，许多幼儿园也会在线制作这类日志。我知道部分幼儿园会让儿童参与制作学习日志。关键人会定期和儿童聚在一起浏览学习日志，谈论儿童想记录的内容以及他们想放入什么样的照片。他们通常用儿童的语言记录他们的选择。与儿童分享你正在做的记录并邀请他们参与，是一种简单却极为有效的方式。你可以选择制作纸质版的学习日志，也可以选择电子版。

另一种邀请儿童参与记录学习的方式就是和他们一同制作书籍。瑞吉欧教学法以其拥有记录儿童工作和研究的最大档案库而闻名，自20世纪40年代以来一直在记录儿童的学习。那个名为"儿童的一百种语言"的展览在全世界持续巡回展出20年，目前设于洛里斯·马拉古齐国际中心（Loris Malaguzzi International Centre）。你若有机会参观这一展览，必将获得不少启发！作为记录中的一部分，瑞吉欧教学法将儿童的工作、研究和话语制作成书，并邀请儿童一起将这些美丽的书汇集在一起。

我曾与一些深受瑞吉欧记录方法启发的幼儿园合作，它们也想制作属于自己的简单书籍。教师拍摄儿童当前感兴趣的事情或正在进行的项目，使用照片以及儿童的语言将其制作成简单的书籍给儿童看。儿童协助教师思考在书中应该放入什么样的照片，以及用什么样的文字来搭配这些照片。随后，教师将这些书放置在图书区，供儿童阅读并与同伴、家长和参观者分享。我去过这些幼儿园很多次,孩子们会自豪地向我展示他们的书。这些书的制作方法非常简便,我们可以在计算机上制作,然后打印出来并塑封。

一日生活(出生以后的儿童)

我们可以将儿童的观点和兴趣纳入每天的活动中,以及任何与儿童有关的日常工作中。我的大女儿教 4 岁的幼儿抱石①,她会进行游戏化教学,并让幼儿每周推荐一些游戏。学期末,幼儿总要求玩睡狮游戏②,我猜测这是因为他们在学期末感到很累,所以需要沉静片刻。

在日常活动中倾听儿童的另一种方法是,在开始教授新东西之前,询问儿童已经了解的事情。例如,一位教师在谈论中国的春节。在课堂上,她询问儿童已经知道的事情。她与儿童一同探讨已有的经验,以及想要知道的事情,并一起列出了一个问题清单,以便大家共同寻找答案。他们的问题包括:中国春节涉及哪些生肖?中国人在春节聚会吗?他们

---

① 抱石是时下新兴的攀岩运动之一,是指攀登者在不携带绳子、安全带或钩环等复杂的保护装备的情况下,只靠自身力量完成攀登。——译者注

② 成人扮演猎人,所有孩子都躺下假装成睡着了的狮子。猎人在孩子们中走来走去,在不碰触孩子的情况下试图让狮子做出反应。狮子如果被逗笑或睁开了眼睛,就要站起来加入猎人的队伍,逗醒其他的狮子。最后一个被唤醒的狮子,将获得胜利。——译者注

穿什么衣服？吃什么？他们在春节会出门吗？教师发现有一些问题就连她也不知道答案，于是她和孩子们一起寻找答案。她还问了孩子们可以去哪里了解这些信息，一名儿童建议去参观当地的中国外卖店。

快乐聚会（真真，5岁）

在早期教育中考虑儿童的选择并追随他们的兴趣是很好的做法。无论是在家庭托儿所、幼儿园、学前班还是小学，这种做法都是可行的。以下是我的几位在家庭托儿所工作的教师朋友告诉我的案例，我用他们的话来陈述。

实践案例：来自路易和吉姆老师

本周，我们计划去森林里体验一下"森林学校"。其中，一名儿童对《咕噜牛》(The Gruffalo, Donaldson, 1999)的故事和恐龙非常感兴趣，于是我们决定带上咕噜牛故事中的道具和玩具恐龙，想看看能否将恐龙融入咕噜牛的故事中。当我们边吃早餐边讨论活动计划时，一名儿童建议我们带上一些其他的玩具，因为她对"小马宝莉"（My Little Ponies）、独角兽和仙女表现出浓厚的兴趣。我们计划在森林里编故事，打造一个仙女小窝，这让她兴奋不已。班上还有两名更小的、不太会说话的儿童，所以我们和他们谈了我们的计划，让他们去找一些想带的玩具。一名儿童选择了她最喜欢的书，另一名儿童选择了一个他喜欢玩的形状分类玩具。一到森林，我们就把所有带的东西摆在一起，使用故事道具——恐龙、仙女、小马和独角兽——编故事并阅读图书。我们把形状分类玩具里的形状藏在树叶下，让儿童找出来并出示给大家看。年龄较大的儿童用树枝拼出了三角形和正方形，我们在后续讨论了如何用笔直的树枝拼出圆圈的问题。最后，儿童得出的结论是，圆圈应该用树叶而不是笔直的树枝做。我们还进行了一次令人兴奋的探险，即寻找动物或者仙女的脚印。

实践性问题

- 你知道儿童现在对什么感兴趣吗？
- 你是如何在活动计划中利用这些兴趣的？
- 在教授儿童新东西之前，你是如何发现儿童的已有经验的？

参考文献

Donaldson, J.（1999）*The Gruffalo*. London: Macmillan.

Edwards, C., Nandini, L. and Forman, G.（1998）*The Hundred Languages of Children: The Reggio Emilia Approach – Advanced Reflections*. London: Ablex Publishing.

Ephgrave, A.（2018）*Planning in the Moment with Young Children: A Practical Guide for Early Years Practitioners and Parents*. Abingdon: Routledge.

Ephgrave, A.（2015）*The Nursery Year in Action: Following Children's Interests through the Year*. Abingdon: Routledge.

Warden, C.（1995）*Talking and Thinking Floorbooks: An Approach to Consultation, Observation, Planning and Assessment in Children's Learning*. Crieff: Mindstretchers.

第七章 环境改造

幼儿园乐园（丢丢，6 岁）

艾莉森·克拉克和彼得·莫斯（2001）提出的马赛克方法正在极大程度地改变幼儿园的教育实践，在教室和户外空间的改造中让儿童参与并倾听他们的观点已变得越来越普遍。得益于克拉克和莫斯，英国各地的幼儿教育从业者一直在使用这种方法从儿童那里了解他们对幼儿园、教室或户外空间的看法，并让其参与空间的改造。对我来说，儿童参与其中是非常有意义的：这是他们的空间，他们在那里度过了很多时间，因此他们对即将发生的任何变化都应该有发言权。值得注意的是，当儿童参与其中时，我发现这样的空间会对儿童更加友好。如今，新版的马赛克方法（2017）在作者原来的想法上有所扩充。

马赛克方法（18 个月及以上的儿童）

马赛克方法旨在从儿童那里了解他们在幼儿园、教室或户外游戏空间中喜欢什么和不喜欢什么。要使用这一方法，大家可以阅读克拉克和莫斯于 2017 年出版的书，它将清晰地告诉你该方法的各个步骤。下面，我将简要概述我是如何使用它的。

教师应该就如何改造空间与儿童开启讨论，从中了解儿童的想法。在把这些想法记录下来后，教师就可以让儿童拿着照相机去拍照。当我使用这个方法时，我经常会连续使用一段时间，先让儿童为空间中他们喜欢的东西拍照，然后一起欣赏和谈论这些照片：他们拍了什么，以及为什么拍这些照片。在儿童发表看法后，我会记录下这些看法。接下来（通常是第二天），我会邀请儿童为他们想要改变的东西拍照，并像之前一样聚在一起进行讨论。介绍马赛克方法的书还谈到了通过全程观察和采访儿童的想法，追踪儿童使用了什么以及是如何使用的。

通过这项活动，你会收集到大量有关空间中儿童喜欢什么和不喜欢什么的信息，然后你就可以考虑如何改造空间了。显然，作为成人，你早已有了一些关于改造的想法：你知道你的预算、可能性以及限制性条件。把这些分享给儿童，告诉他们你的预算额度。虽然这对他们来说很抽象，但这也是他们逐步开始获得有关货币、价格和预算知识的重要一课。

在 2017 年版的《倾听幼儿——马赛克方法》一书中，克拉克建议把照片做成一本相册。这提供了一种有趣的记录方式，便于儿童和教师时常翻看并用以帮助他们制订计划。

你可以让儿童参与一些新设备的购买决策,例如选择颜色、款式,并为它们找到合适的摆放位置。

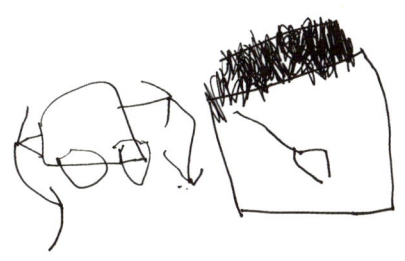

我最爱的赛车(——,5岁)

使用视频(2岁及以上的儿童)

除了使用照片之外,你还可以邀请儿童为幼儿园拍视频。这能使你以儿童的视角审视空间。然后,你可以与儿童一起观看视频,谈论你们都看到了什么,例如你们喜欢什么、不喜欢什么,以及你们想改变什么。

实践案例

我们曾在沿海地区的一家儿童中心开展过倾听儿童的培训项目。教师们想对儿童中心的入口进行改造,因为它看起来很单调,没有吸引力。入口处有一个斜坡,儿童很喜欢从斜坡上跑下来。在接下来一周的时间里,教师只要在入口处碰到儿童,就给他们一部摄像机来记录他们的到来,家长和儿童对此都很感兴趣(家长已提前知晓这个项目)。等儿童拍完视频后,教师与儿童、家长一起观看视频,发现他们目光所及全是灰色的混凝土墙壁和石砖路,觉得十分呆板、无趣。于是,教师和儿童一起探讨他们想要怎样的入口。孩子们表示,他们想要大海和海洋生物的图案,于是教师便联系了当地的企业。在了解了改造计划后,企业捐赠了木材、油漆和清漆。教师和儿童都参与了图案的设计和绘制,大家一起给斜坡画上了海洋生物。斜坡展示着大家的图画,这个非常简单的项目使儿童中心的入口焕然一新。

在地图上作画(2岁及以上的儿童)

这个点子可以与上面的例子一起使用,也可以单独使用。有些儿童喜欢地图,因此你可以请儿童绘制一张室外或室内空间的地图,然后让他们在地图上作画,标记他们有关改造空间的想法。例如,他们可能在某个区域画一个大大的软垫用来躺着,或者画一个帐篷状的区域用来捉迷藏。在活动开展前后,我们都要与儿童进行对话,讨论他们在地图上添加了什么以及为什么这样做。如果这个活动能持续几天或一周,效果是最好的,因为儿童可以时常回顾、做出回应并继续增添自己的想法。当你决定了要改造哪里或购买什么时,地图仍可以派上用场。你可以为儿童提供小照片或者物品,让他们将其放置在地图上,从而向你展示他们想要放置这些物品的位置。

心愿网(2岁及以上的儿童)

这个点子来自彭妮·兰卡斯特的"倾听幼儿"工具包(2003),它可以被用于班级里新区角的规划。你可以提供笔、云朵形状的纸张和网状织物,请儿童画下有关改造户外空间和教室的愿望,画好后,就可以把它们粘贴到网上。然后,你可以与儿童一起看看他们的想法,讨论他们的画作以及他们提出的改造建议。(本书第九章中描述了如何在评估过程中使用这个方法)

清单与照片(18个月及以上的儿童)

这个点子可以与拍照和拍视频一起使用。一旦你做出了决策并知悉预算,就需要请儿童参与花钱的事情。一种非常简单的方法就是先与儿童谈论预算,这虽然有点抽象,但它可以拓展儿童关于预算的早期经验。然后,向儿童展示购买清单或者你已决定要购置的新设备、玩具或其他物品的照片。

你可以将每张照片分别陈列在一张单独的纸上,然后给每名儿童一两张贴纸,请他们把贴纸贴在最想要的物品上。这是一个较为简单的投票方法,可以用来选择新设备、新书、用于重新粉刷的色板、可以种在花园里的鲜花和蔬菜等。

选择植物(1岁及以上的儿童)

很多幼儿园每年都会请儿童决定在花园里种植什么,这是从小让儿童参与种植的好方式。我们知道,儿童需要更多的户外时间,以及了解我们可以种植和食用的作物。我在有关儿童健康的书中详细谈论过这一点(Mainstone-Cotton,2017)。如果你和儿童一起种植,我将建议你请他们来决定种植什么。你们可以进行小组讨论,也许可以尝一尝你们可能会种植的不同作物,让他们思考他们喜欢什么和不喜欢什么。此外,你们还可以讨论哪些植物比其他植物需要更多的空间。作为教师,如果你不确定种植什么比较好,可以询问家长中是否有热心的园丁,并邀请他们来和儿童谈论种植的知识(家长中通常会有一两位热心的园丁)。你可以请儿童从种子目录里挑选，或者去一趟园艺市场。在那里，儿童可以观察、闻嗅、触摸不同种类的植物。告诉儿童你们有多少钱以及可以买些什么。例如，"我们可以买10袋种子和2株植物，每份花费5元。"你还可以让儿童向店主咨询一些有关种植的问题。儿童参与种植活动的整个过程，这对他们是大有裨益的。他们会在这个过程中学习数学、科学、语言知识，身体也会得到发展。

> **实践性问题**
>
> - 你们是如何让儿童参与室内外的环境改造或购置新玩具的？
> - 你们是否有倾听儿童的规定，表明让儿童在未来参与设计和改造你们所在的园所？

参考文献

Clark, A.（2017）*Listening to Young Children, Expanded Third Edition: A Guide to Understanding and Using the Mosaic Approach*. London: National Children's Bureau.

Clark, A. and Moss, P.（2001）*Listening to Young Children: The Mosaic Approach*. London: National Children's Bureau.

Lancaster, P.（2003）*Listening to Young Children: The Reader*. Buckingham: Open University Press.

Mainstone-Cotton, S.（2017）*Promoting Young Children's Emotional Health and Wellbeing*. London: Jessica Kingsley Publishers.

第八章 社区空间

我的快乐家（喜洋洋，6岁）

在我参加的儿童参与工作中，我们团队会定期与地方当局一起邀请儿童参与社区空间的改造。在21世纪初，这种情况较为普遍，尤其是在政府有充足的资金用于创设儿童游戏空间和购买游戏设备的时候。虽然现在的资金远没有之前充裕，但社区空间仍处于持续改造中。在我居住的城市里，目前有两个大型的新住宅项目正在开发，它们包含了新的游戏场地和社区空间。除此之外，住房协会通常也会收到一笔用于改造游戏场地和社区空间的资金。你所在区域的任何新发展都值得关注，你会发现儿童是否有机会参与其中。

对于地方当局而言，与7岁及以上的儿童进行商议是极为常见的事情，但他们时常感到难以与7岁以下的儿童进行商议。作为专业团队，我们擅长以适宜儿童年龄特点和理解水平的方式与不同年龄段的儿童商议。这项工作的关键是要让所有的儿童都有发言权。无论是年龄大的还是年龄小的儿童，但凡需要他们对设备做出选择，我们就会协助地方当局完成与相关年龄儿童的商议工作。本章将提供一些相关建议。

摄影之旅（18个月及以上的儿童）

在社区空间的改造工作中，倾听儿童的有效途径之一是组织摄影之旅，这种工作方式很大程度上受到了马赛克方法的影响（Clark & Moss，2001）。我们总是建议地方当局在改造之前先了解该地区的儿童喜欢或不喜欢的设施或空间。我们如果在一个村庄工作，就会张贴海报以解释我们是谁，并告知大家我们正在组织一次摄影之旅。我们会写信给当地的学校和幼儿园，邀请家长和儿童在规定的时间和地点与我们见面。我们会和儿童一起踏上摄影之旅，请儿童拍摄他们喜欢或不喜欢的东西。

我们会确保有足够多的工作人员，以便尽可能地记录儿童说的话和他们拍摄的照片。儿童会把那些对他们来说很重要的东西拍下来，例如他们喜欢的秋千或滑梯。有一名儿童在滑梯下面拍了张照片，告诉我们："我喜欢这下面，这是我的窝。"照片上通常会出现树木和鲜花，还有很多小狗粪便和垃圾。我们发现，儿童经常拍摄地面。我记得，有一名儿童拍过长满小草的公园方形地砖。当我们问其缘由时，他说他喜欢在砖与砖之间的缝隙中找小虫子。

一旦我们整理完所有能收集到的照片后，我们就会和儿童一起欣赏并谈论他们喜欢和想要保留的地方。我们也会讨论哪些地方需要进行改变。这样一来，我们就可以开始计划社区空间的改造了。

抓虫子（可可，6岁）

摄影之旅的美妙之处在于，它能让成人透过儿童的眼睛重新打量周围的环境。每次当我和儿童一起开展这个活动时，我都会发现一些自己以前不了解的事情，例如哪里是寻找昆虫的最佳地点、垃圾都被吹到了何处、秋千下面的地面多么凹凸不平，以及为什么儿童会喜欢荡秋千。

实践范例

我所在的村子有一些资金用来更新游戏设备。起初，项目负责人想依据他们认为儿童想要什么来自行选择设备，但我说服了他们允许我与村里的儿童一起参与。我们在游戏区和田野里共同进行了一次摄影之旅。儿童拍下了破旧的秋千、小狗粪便和地上的垃圾。此外，他们每个人都拍摄了大滑梯——所有儿童都十分喜爱这个滑

> 梯。项目负责人本想移除这个滑梯，因为它非常高。但通过这次与儿童共同进行的摄影之旅，我们说服了项目负责人将它保留下来。此外，儿童还翻看了目录，用贴纸对新的游戏设备进行投票。

使用图片制订改造计划（2岁及以上的儿童）

一旦我们就某些方面的改造达成共识（例如购买一条长凳、一个新秋千，或开辟一个全新的游戏区域），并且了解儿童对于当前环境的偏好，就可以与儿童一起制订改造计划。一个简单的方法是以图片的形式向儿童呈现在预算范围内可以购置的东西。为此，我们必须首先向儿童解释什么是预算以及大概能买多少东西。例如，这些预算可以用来买一个秋千和一条长凳，或者可以用来买一个小型攀爬架。你可以用一个幼儿园设备目录向儿童展示你们能买什么，但要确保你所展示的是你们能买得起的设备的图片。

我们也带某些小组儿童去参观公园，那里有一些与他们计划购买的设备类似的设备。儿童可以尽情地尝试和体验这些设备，并考虑这些设备是否适用于他们的公园或游戏场地。

为了帮助儿童做出选择，我们会使用贴纸进行投票。每名儿童都会把贴纸贴在他们所喜爱的设备的图片上，然后我们会购买获得票数最多的设备。虽然这是一个非常简单的方法，但它能让儿童看到每个人是如何进行投票的。

使用黏土设计游戏场地（3岁及以上的儿童）

询问儿童想在新的社区游戏场地上玩什么。与儿童一起讨论游戏场地上有可能出现的东西，然后请儿童用黏土把这些东西做出来。黏土的可塑性很强，非常适合这个活动。你也可以提供其他的废旧材料，例如扭扭棒和吸管。这个活动的一大好处是，你可以在任何地方开展，而且成本很低。我曾在公园和幼儿园等地方与儿童一起进行这个活动。当儿童做出模型后，我们可以与每名儿童谈论他们做了什么，记录他们的话语，给模型拍照。之后，你可以把相关文字和照片放入你所写的报告中。

跟进和反馈

在空间改造工作中，至关重要的是成人跟进儿童的想法并向他们反馈项目的进展。众所周知，从与儿童商议如何改造空间到改造实际发生通常需要一段时间，这需要我们以一种儿童能理解的方式向他们解释这个过程。例如，3 岁的儿童可以明白，将新的公园设备运到这里需要花一段时间。除此之外，你还需要和儿童一起再次造访改造中的空间，例如确认你们所挑选的设备、谈论摆放它的位置以及儿童会如何用它进行游戏等。当我领导有儿童参与的相关工作时，我经常看到成人询问儿童的意见，但没有向儿童反馈接下来会发生什么。我们需要尊重儿童，当我们询问他们的观点时一定要给予他们反馈。

实践性问题

- 你和你所在的社区有什么联系吗？
- 你能发现你所在地区的任何新发展吗？如果有，请联系当地有关机构，询问儿童是否可以参与其中。

参考文献

Clark, A. and Moss, P.（2001）*Listening to Young Children: The Mosaic Approach*. London: National Children's Bureau.

第九章 儿童评估

老师看我画画（小一，5岁）

作为早期教育工作人员，我们会经常参与对儿童的评估。在评估过程中，倾听儿童的声音是至关重要的。需要再次提醒大家的是，作为成人，我们很容易自以为是地假定自己知道儿童的想法，但我们永远无法完全理解他们的世界，除非我们停下来倾听他们，透过他们的眼睛看世界。艾琳·芒罗（2011）在评论社会服务机构的实践时曾对此直言不讳。

我们对儿童有许多不同的评估方式，举例如下。

- "早期发展性评估"（以前被称为"通用评估"）所使用的评估系统。
- 作为社会服务一部分的评估。
- 教育医疗保健计划（Education Health Care Plans）中的评估。
- 英国早期教育体系中的评估。

人们一直担心年幼的儿童没有机会参与评估过程，这个问题早在我2001年开始做儿童参与工作之时就已经存在。当时，艾琳·芒罗（2001）正呼吁社会服务机构在事关儿童的决策中给予儿童话语权,允许儿童参与评估过程并在决策中持续具有发言权。她承认这是一项复杂的任务,但我们必须应对。在 2009 年,我与同事合写了一篇关于如何在通用评估框架中倾听年幼儿童的声音的文章(Rose & Mainstone-Cotton,2009)。我之所以写这篇文章是因为地方政府表示,他们对能够填写完成通用评估框架的学龄前儿童的数量感到担忧。他们认为,7 岁以下的儿童太小了,无法在评估表格中的"儿童观点"一栏做出回答。对此,我们开启了一个全政府范围内的培训计划,我和同事们负责培训大家如何在评估过程中收集儿童的看法。

谢天谢地,我现在很少听到人们说儿童"太小,还不能发表观点"。然而,在评估过程中,我们仍然缺少对儿童声音的真正倾听。例如,我发现,那些被用于幼小衔接和教育医疗保健计划的儿童个人资料往往只有一页纸,有些社会服务机构对儿童的评估通常也是这样的。一页纸应该包含儿童的观点,但根据我的经验,这不太可能实现。对我而言,儿童的个人资料应当包含他们真实的声音,而不是成人为之代言的声音。在本周为一个 4 岁儿童开展的评估会上,我们请教师收集该儿童的观点。评估表上的一个问题是他离开学校后想做什么,他的回答是操纵无人机。这个答案太精彩了。我们以如此简单的方式唤起了儿童的想象力和好奇心。

本章的其余部分将提供关于在评估过程中捕捉儿童声音

的一些可行性做法（若想进一步了解关于在评估中倾听儿童观点的方法，请看奥德丽·泰特和海伦·沃苏于2013年出版的书）。

使用照片或视频（2岁及以上的儿童）

本书的前面章节已经探讨过使用照片的方法。在评估过程中，马赛克方法（Clark & Moss，2001）同样是适用的。不少社会工作者、幼儿教师等都能自如地使用这一工具。

其中一种方法是请儿童为他们生活中的重要事物拍照。有一名社会工作者参加了我关于倾听儿童的培训项目，并实践过这种方法：一名4岁的儿童拍下了她的卧室、猫和洋娃娃。这使得这位社会工作者能够与儿童谈论什么对她很重要以及原因。这些信息有助于提升评估质量，并让儿童在文字报告中变得鲜活起来。

娃娃家（小果，6岁）

在一所幼儿园里，我支持教师们为一个还不会说话的 2.5 岁儿童填写通用评估框架。在家长的允许下，他们为儿童拍摄了一段短视频，以展现儿童喜欢做的事情：坐在一辆玩具小汽车上玩，不断地填满并倒空升降座椅下的行李箱。这段 7 分钟的短视频把儿童的喜好展现得淋漓尽致，让我们可以清楚地看到他遇到了什么困难以及需要哪方面的支持。小组成员和我一致认为，这个短视频如实捕捉了小男孩的特点，使他能够以自己的方式和我们交流，并向我们展示对他而言重要的事情。

使用幼儿园的照片（2 岁及以上的儿童）

要了解儿童在幼儿园喜欢做什么，其中一个简单的方法就是打印出当天的照片，例如地毯时间、户外游戏、沙坑、玩具、午餐时间的照片。在向儿童展示这些照片后，让儿童把每张照片分别贴到笑脸或哭脸的贴纸上，并询问他们的选择及其原因。虽然他们可能说不出原因，但询问很重要。接下来，我们可以记录儿童的行为和评论，最好是和儿童认识并信任的关键人一起完成它。同样的活动也适用于年幼的儿童，社会工作者可以用儿童家里的照片进行儿童保护评估。

创造性表达（3岁及以上的儿童）

儿童通常感到难以坐下来与成人进行交谈，例如诉说他们的近况、生活中发生的事情等。此时，给儿童一些机会来进行创造性的表达是非常有帮助的。你可以使用绘画的方式——提供纸张、笔或颜料供儿童表达自我。可以先从问一个问题开始，例如，"我想知道，什么让你在幼儿园里感到快乐？你能画出来吗？"在儿童完成画作后，你们可以就这幅画进行一些交流并记录他的表述。你如果想把画作放入文件夹，就要询问儿童是否可以复印他们的画作。

漂亮的我（露西，5岁）

黏土（3岁及以上的儿童）

黏土非常适合被儿童用来制作模型，它比橡皮泥要好用得多，因为它更有韧性，可塑性更强。你可以问儿童一个问题，例如，"在幼儿园里，你需要哪些帮助？你能做点东西并展示给我看吗？"然后，可以向儿童询问他们的作品并记录他们的表述。记得拍张照片附在文件上面。

木偶（3岁及以上的儿童）

部分儿童更喜欢通过一个木偶来向你倾诉他们的想法和感受，你可以询问儿童能否告诉木偶一些事情。例如，"我的木偶想知道你在担心什么，你能告诉它吗？"然后用儿童的语言记录他们的话语，并把这些内容放入文件夹。

儿童也可以把他们想让你知道的事情表演出来。我曾对托幼机构里的一群儿童使用这个方法，当时我们想为社会工作者制作一部电影，讲述儿童视角下的社会工作者在托幼机构里应该知道些什么。儿童决定演一场木偶剧，用木偶表达他们的感受，例如他们因为不常见到妈妈而感到伤心或者因为社会工作者太忙无法倾听他们而感到难过。后者是这样展现的：社会工作者们变成了一条条鳄鱼，不停地说"我真是太忙了"。这部电影曾在一次地方当局的会议上放映过。

使用信息技术（3岁及以上的儿童）

大多数儿童都喜欢并擅长使用信息技术。你可以将其用作儿童分享观点的工具，比如给他们录像、录音，或者使用应用程序制作木偶剧并录制你的声音。我对3—18岁具备不同能力的儿童都使用过这个方法。

心愿网（3岁及以上的儿童）

这个点子来自彭妮·兰卡斯特的"倾听幼儿"工具包（2003）。在这个活动中，你需要提供笔、云朵形状的纸张和网状织物。向儿童解释，你想知道他们的愿望，并会把他们的愿望告知他人。儿童需要通过绘画或者书写（依据儿童的年龄而定）来表达他们的愿望，比如他们有关下一节课的愿望，或者希望在家里或幼儿园里做些什么的愿望。然后，儿童可以把尽可能多的愿望挂到心愿网上。你可以问儿童都画了什么并记录他们的想法，最后把图片和文字都收入评估文件夹里。

实践性问题

- 当你填写儿童的个人资料时，你会使用儿童的语言吗？

- 你是如何创造性地让儿童参与评估过程的?对于浏览文件的成人来说,当他们直接通过儿童的话语和绘画作品倾听儿童时,文件中的儿童才真的鲜活起来。

参考文献

Clark, A. and Moss, P.(2001)*Listening to Young Children: The Mosaic Approach*. London: National Children's Bureau.

Lancaster, P.(2003)*Listening to Young Children: The Reader*. Buckingham: Open University Press.

Munro, E.(2001)Empowering looked after children.

Mainstone-Cotton, S. and Rose, J.(2009)'Hearing Young Children's Voices in the Common Assessment Framework.' *Every Child Journal 1*, 1.

Munro, E.(2011)The Munro review of child protection final report.

Tait, A. and Wosu, H.(2013)*Direct Work with Vulnerable Young Children: Playful Activities and Strategies for Communication*. London: Jessica Kingsley Publishers.

第十章 家庭支持

爸爸爱妈妈（帕里斯，5岁）

我在讲授倾听儿童的课程时提及过，许多儿童中心的工作人员同样是家庭支持工作者。我认为，在家庭支持工作中确实存在挑战，这种挑战可能是家长的需求如此之高，以至于很容易忽视工作中的儿童。我自己也是一名家庭支持工作者，我深知，当我们来到某个家庭开始工作时，家长正处于危机之中。此时，我们很容易把整个家访的时间都用在家长身上，几乎没有注意到儿童。通过培训，我们试图扭转这一局面，协助教师把关注儿童牢记在心。我经常提醒教师，他们是在与整个家庭一起工作，儿童是大多数家访中理应关注的对象。我还提醒教师，他们如果在家庭里与儿童相处，就需要使用有助于倾听儿童的工具。

以儿童为中心的家庭支持工作

将儿童置于家庭支持工作的中心是良好的保护性措施，正如本书第三章所提到的，缺乏倾听的后果是极为严重的，而我们已经无数次地忽略了儿童。如前文所述,在任何家庭支持工作中,坚持以儿童为中心绝对是不小的挑战。我们知道,与我们一起工作的家庭潜藏着巨大的需求,而家长的需求往往会掩盖儿童的状况。在工作一开始的时候,我们就要表明立场,即我们需要与儿童、家长一起努力。比较直接的方法是给家长和儿童各寄一封信。在信里,我建议你放一张你的照片。

一封给儿童的介绍信

亲爱的露西:

我的名字叫索尼娅。

下周一,我将来拜访你和妈妈。我期待见到你们,也想知道你喜欢玩什么。我会带一些玩具,这样我们就可以一起玩、一起聊天了。

索尼娅

给儿童和家长各自寄信,有助于一开始就把儿童置于工作的中心。你这么做,是在提醒家长你要去他们家里同时见儿童和家长。你也在帮助儿童做好与你见面的准备,接纳一个来家里的陌生人。在我最近合作的一个儿童中心里,教师已经开始在他们的所有新的工作中使用这种方法。其中一名教师向我描述了她第一次去家访的经历。儿童见到她时很激

动地说："我收到你的信了，我一直在等你。"

以儿童为中心的报告和家访记录

让教师牢记"以儿童为中心"的重要性的另一个办法，就是在你的家访记录里设置一些与儿童相关的问题。在家访时，儿童的情况容易被忘记提及，取而代之的是你与家长讨论时留下的评论。提前设置与儿童相关的问题，有助于提醒教师以儿童为中心。

> **问题示例**
> - 儿童今天怎么样？
> - 儿童是怎样出现在你面前的？
> - 儿童今天对你说了些什么？
> - 儿童今天给你展示了怎样的情绪？
> - 今天的家访中有任何涉及安全的问题吗？

把这些问题作为文字工作的一部分，帮助教师记住把儿童放在工作的中心。你也可以在监督工作中使用这个方法，再次协助他们把注意力聚焦在儿童身上。

一些家庭支持团队也与儿童中心的孩子们一起制订行动

计划。请参见下面的示例。

> **行动计划示例**
>
> 露西需要妈妈每天给她喂药来保持健康。
>
> 露西需要卧室保持温暖和安全。
>
> 在慈善机构的帮助下,爸爸和妈妈将一起装饰露西的新房间。
>
> 爸爸和妈妈会在她的卧室里铺一块地毯。
>
> 爸爸和妈妈会在她的窗边安装窗帘。
>
> 露西说她想要黄色的墙面和一块红色的地毯。这将由××来完成。
>
> 露西一家将在一个月的时间里每周都与家庭支持工作人员萨拉见面,一起玩耍和交谈。

关于我的卡片

当我们开始与一个家庭、一个儿童相处时,我们常常会有很多疑问,我们需要了解关于这个家庭的信息。这对家庭和儿童来说都是有压力的。在之前的团队中,我们设计了一些"关于我"的卡片,它们是一些印有图像信息的小卡片,可以挂在钥匙扣上。每个团队成员都有。当我们遇到一个新来的儿童或家庭时，我们会用这些卡片进行自我介绍。这些卡片上有图片和文字。你只需要把你乐意与家庭分享的信息写在卡片上。我的卡片上的信息如下所示。

> **"关于我"的卡片示例**
>
> 我是索尼娅，我的工作是倾听儿童，并和儿童相处（附上我自己的照片）。
>
> 我喜欢的是我的家人、巧克力、游泳和户外活动（附上照片）。
>
> 我不喜欢的是老鼠以及从高处俯瞰风景（附上照片）。
>
> 我的梦想是学会演奏大提琴、去新西兰旅游、看鲸鱼（附上所有这些东西的照片）。

在工作之初识别家庭中的情绪与感受

帮助家庭使用针对他们情绪的语言并具备良好的情绪理解能力是很重要的。在我书写的关于促进年幼儿童情绪健康和幸福的书（Mainstone-Cotton，2017）中，我谈到过对儿童使用情绪语言的重要性，我们可以通过直接示范来与家长分享，例如展示我们使用的词语、与家长分享他们可以使用的语句以及与家长谈论情绪和情感等。我们发现，不足为奇的是，在许多与我们合作的家庭中，家长的情绪素养普遍较低。因此，我们在工作中有意识地使用情绪词汇不仅对儿童有益，也可以给家长树立好的榜样。

在开始每次的家庭支持工作时，你可以使用情绪图片来谈论你现在的感受，然后请每个人轮流看这些图片并说出他们当天的感受。对 5 岁以下的儿童只使用较少的图片，比如表现快乐、悲伤、疲惫、烦躁的图片。你既可以用照片也可以用卡通脸谱制作情绪图片。你也可以购买一些更好的资源，例如情绪小卡片、图书、骰子和情绪发泄球。我总是建议教师也参与其中，因为我们的参与能够为家长和儿童树立榜样，帮助他们意识到识别情绪的重要性。通过家庭支持工作初期的情绪识别工作，你会开始有意识地倾听儿童，体会他们在某一刻的感受，然后对儿童的感受做出适当的回应。无论是对于教师还是家长，在工作之初识别儿童的情绪都是大有裨益的。

可以与家长分享的语句

作为育儿顾问，我和同事们一直在使用某些固定的语句。这是确认和识别儿童情绪的一种极佳的方法。我们与家长分享我们在幼儿园里使用的语句，这样他们就可以在家里使用。以下是我经常使用的一些语句。

- 我知道你现在感到……但不可以……我来帮你感到安全。
- 我能看到你因为我说"不"而感到很生气,我在乎你的感受,但我还是要说"不"。
- 我在这里陪你。
- 我能感觉到你很难过,我会在这里陪你。

家庭支持工具包

我开设的倾听儿童培训课程为期一天半,每次课程间隔六周。在这六周的时间里,参与者需要实践一个倾听儿童的项目。许多小组制作了家庭支持工具包,将其作为这个项目的一部分,这些工具包可以直接被用于家庭支持工作。这些工具包是为每个家庭支持工作者单独配备的,每一个都是独一无二的。

> **我的工具包里的东西**
> - 情绪小卡片
> - 橡皮泥或黏土
> - 泡泡液
> - 贴纸
> - 小罐积木(依儿童年龄而定)

- 沙漏
- 护手霜
- 自然类游戏材料,如贝壳、松果
- 一盒纽扣
- 围巾或布料
- 手指木偶
- 画纸
- 钢笔或蜡笔
- 图书
- 感官大米(染色大米或薰衣草油气味的彩色大米)
- 一个小游戏的材料,如纸牌或多米诺骨牌
- 薰衣草枕头(用薰衣草籽编织或缝制而成)
- 可以随意摆弄的玩具,如可伸缩的小人
- 一个情绪发泄球
- 带有文字和图像的图片卡,可以用来写字、玩耍或聊天

工具包的准备旨在鼓励儿童参与我们的工作,有助于我们更好地倾听儿童。工具包适用于不同年龄段的儿童。我会让儿童翻看工具包,选择他们想玩和探索的东西。有时,家长也会找到一些他们想要探索的东西,比如那些解压的玩具。在工作之初,我使用图片卡向儿童解释我们需要聊会儿天、写点东西或玩一玩。我让儿童选择活动的顺序。这也是践行

"以儿童为中心"的简单方法,保障了儿童在家庭支持工作中的决策权。

我还建议工作者在工具包里放一些玩具或活动的图片,例如去公园的照片或脏玩游戏的图片,以展示下一个阶段将做什么,并让儿童选择他们想做的事情。确保图片上的活动是你能够带来的且家长乐于接受的活动。另外,如果我遇到的儿童有独特的兴趣,例如喜欢恐龙或小马宝莉,我就会试着把相关物品放在包里。

我们去郊游(琪哥,6岁)

把工具包装满并不需要花费很多钱,使用过工具包的工作者曾反馈,它非常有用,儿童特别喜爱它,以及它是如何帮助工作者将儿童置于工作的中心的。当工作者自己制作工具包,把自己真正喜欢的东西放进去时,它的效果是最好的。

例如，如果你真的不喜欢橡皮泥，那么把它放在包里是没有意义的。

我还认识一些社会工作者，他们设计了那些能够用于日常实践的工具包。最近，我读了奥德丽·泰特和海伦·沃苏（2013）写的一本有助于启发灵感的书。她们描述了一个放在车里的工具包，在所有家访中都可以使用。使用这些工具包真的有助于我们倾听儿童，当我们拥有辅助工具时，儿童会更愿意把他们的事情告诉我们以及探索他们的感受。

> **实践性问题**
>
> - 你是如何在工作中做到"以儿童为中心"的？
> - 你是否定期反思自己在工作中有没有做到"以儿童为中心"？

参考文献

Mainstone-Cotton, S.（2017）*Promoting Young Children's Emotional Health and Wellbeing*. London: Jessica Kingsley Publishers.

Tait, A. and Wosu, H.（2013）*Direct Work with Vulnerable Children: Playful Activities and Strategies for Communication*. London: Jessica Kingsley Publishers.

结 语

在这本书中,我分享了一些想法和建议,它们涉及如何在日常工作中融入倾听儿童的文化。对我来说,倾听儿童以及与他们相处的乐趣在于,你永远不知道会发生什么,以及他们会告诉你什么。多年来,我从儿童的身上学到了很多东西。

本书中的观点只是一个起点,但希望它们能激励你,帮助你创造性地思考倾听儿童并让他们参与决策的方式。

希望你能在尝试书中的建议时获得乐趣。

我和外公奥特曼(雨宝,4岁)